华夏文库·道教与民间宗教书系

玄门首经

道德经

胡百涛 著

大地传媒　中州古籍出版社

《华夏文库》发凡

毫无疑问，每一个时代都有属于自己时代的精神追求、文化叩问与出版理想。我们不禁要问，在 21 世纪初叶，在全球文明交融的今天，在信息文明的发轫初期，作为一个中国出版人，我们正在或者将要追求什么？我们能够成就或奉献什么？我们以何种方式参与全球化时代的文化传播进程？在一连串的追问下，于是，有了这套《华夏文库》的出版。

自信才能交融。世界各大文明在坚守自身文化个性的同时，不约而同地加快了探视其他文化精神内涵的步伐，世界不同文明正在朝着了解、交流、碰撞、借鉴与融合的方向前进。在此背景下，建立自身的文化自信，正是与世界各文明民族进行文化交流的基本要求。五千年中华文明与文化正在不断地被其他文明所发现、所挖掘、所认知，汉语言正在生长为世界语言，儒文化正在世界各地生根发芽。

借助这样一种正在成长着的文化自信、自觉、开放、亲和之力，用我们这个时代的学术眼光全面系统梳理中华五千年的文明与文化，向其他各大文明与文化圈正面展示自我，让中华优秀文化成为世界文化的重要组成部分，正是我们出版这套文库的目的之一。此其一。

知己才能知彼。身处五千年文化浸润的今天，重新思考我们先人的人生思考、价值思考与哲学思考，找到一个民族、一个国家的价值所在、立命所在、安身所在，这已经是我们这个时代的学人与出版人不得不再思考的问题。作为中华文明的一分子，我们在思考的同时，还必须了解我们的先人创造了如何优秀的精神文明与物质文明以及社会文明。只有熟知自己的文化，热爱自己的文化，悟明自己的文化，我们才能宣说自己、弘扬自己、光大自己。因此，我们策划组织这套《华夏文库》的初衷，还在于让当下的知识青年全面系统瞭望中华文明与文化的全景，并借此能够对更为深广的世界各民族文化提供一个比较认知的基础。此其二。

顺势才能有为。我们正处在农耕文明、工业文明、信息文明的交汇处，信息文明带领我们从读纸时代进入读屏时代，以智能手机屏幕为代表的书籍呈现方式正在与纸质书籍争夺阅读时间与空间。我们正在领悟数字技术，正在以信息文明的视角，去整理、分析和研究农耕文明与工业文明的文化遗产，不仅仅是为了唤醒优秀的传统文化，我们还在生发和原创着当今时代的文化。由此，我们试图架起一座桥梁——由纸质呈现而数字呈现，由数字呈现而纸质呈现，以多媒介的书籍呈现方式，将文字、图像、声音与视频四者结合，共同筑成《华夏文库》以奉献给信息文明时代的新读者。此其三。

总之，这是一套——专家大家名家写小书；以最小的阅读单元，原创撰写中华精神文化、物质文化与社会文明系列主题与专题；以图文、音视频多媒介呈现的方式，全面介绍与传播中华文明与优秀文化，系统普及与推介中华文明与文化知识；主旨是为了让世界与中国共同了解中国的——大型丛书，借此，复兴文化，唤起精神，融入世界。

耿相新
2013年6月27日

《道教与民间宗教书系》序言

2015年6月,《道教与民间宗教书系》编撰正式启动。本书系计划出版50余种图书,作者主要来自中国社会科学院和道教协会,并有其他高校相关学者共同参与。这也将是第一套规模最大、最全面和系统介绍道教和民间宗教的图书。

当时,澎湃新闻(www.thepaper.cn)记者就该书系的相关细节和道教在中国传统文化中的地位等问题专访了书系顾问、曾任中国社会科学院道教研究室主任的王卡教授[1]。

以下为访谈内容。代为序[2]。

澎湃新闻:此次计划出版的《道教与民间宗教书系》涉及50多种图书,那么确定这些书目的原则是什么?有没有分大类或者大的主题?

王卡:这53种书并没有什么具体的大类或者大主题。我们知道过去对儒家文化的宣传比较多,所以这次我们希望通过这些书来普及道教知识。这个书系涉及的方面比较广,目前已增补到54种,又加了道教影响中国少数民族信仰一类的书。

澎湃新闻:您预计哪些书会受到广泛关注?有没有哪些选题是以

---

[1] 王卡教授于2017年7月去世。
[2] 序言有所删节。

前没有涉及的？

王卡：过去对道教的研究不太均衡，历史、经典类涉及得比较多，而对道教在中国社会中实际存在的状态，比如说仪式活动，就介绍得较少。而且对于道教史的某些具体时段，比如说明清、近代道教状况的研究，也比较欠缺。我们希望在这方面做些弥补。至于你问我哪些书会受到更多关注，这不太好估计。道教从历史上说，除了参与一部分中国传统的政治和礼教活动外，主要还是以祈福救灾等方术来吸引一般民众。有些方术虽然在近代被视为"封建迷信"而抛弃，但是在民众中仍然有一定的影响力；还有民间的祭祀仪式活动，自近代以来有所衰落，失去记忆，或许更能引人关注吧！

在我看来，中国历史上"神道设教"的主体是儒家，道教则更多保留了民间信仰中"方术"文化的内容。但是这些"数术"并非完全指算命、风水、驱邪一类。"术"是个很广的概念，比如说神话故事、医药养生、节日礼俗、书画、造像、乐舞、武术、服饰、建筑艺术等，可以有些客观的介绍，让现代人更多了解道教有丰富的内容，而不止是空洞的教条。

澎湃新闻：《道教与民间宗教书系》的定位为普及类图书，但又要涉及目前道教最新的研究成果，是不是对作者的要求很高？

王卡：这套书我们将其定位为普及性质，参考了一系列的原始文献，也有最新的研究成果，是一套科普和学术性并存的书。书的形式也符合现代潮流，采用了图文并茂的方法，类似法国人做的"世界文明史丛书"。当然我们必须承认某些分册可能会有一些不足之处，这取决于作者凭借的是一手材料还是二手材料。如果作者只是拼凑网络上的相关资料是不行的，只有真正基于一手材料写成的普及书才能体现学术水平。这次我们的写作队伍虽然比较年轻，但其中也不乏优秀的学者。我们中国社会科学院道家与道教文化研究中心，一直比较重视对一手材料的研究，所以我对于这套书的总体质量还是有一定信心的。

在道教研究的学术界，虽然一百年前就有人开始做这个工作了，真正大规模的研究是从改革开放后才开始，倒是这几年的研究有了很大的进展，很多的空白都被填补，新兴的力量日益壮大，中青年学者占据主导地位，其中大多数是博士硕士。他们出了一些有分量的著作，有相当的学术价值，不仅仅是文化泡沫。

澎湃新闻：我们之前出版过哪些道教普及类的图书？这些书的主要问题在哪里？

王卡：我们之前编过《道教文化面面观》《道教三百题》等书，主要涉及道教的基础知识，但篇幅分量不足，仅仅二三十万字。毕竟那时的研究机构还比较少，写作力量、研究的深入程度还不够，所以有些门类没有涉及，品种也比较匮乏。基本的读者群主要是道教界的人士，国家宗教管理部门的官员，文科专业的学生，还有社会上某些对宗教感兴趣的人，具体数量我就不太清楚了。而社会上畅销的那些关于修炼、符咒、选择术[1]的书炒作成分较多，缺乏学术性、严肃性。当然我们对于这些"秘书"也不必一律禁止，应尽量向文化方向引导。

澎湃新闻：看了这个书系的目录后，发现除了专门研究道教的书，还有很多关于民间宗教的书，为什么会把民间宗教也囊括进来？

王卡："民间宗教"我们可以换个词叫做"中国本土宗教"。明太祖朱元璋曾将道教限定为两个主要的派别：张天师创立的正一道和王重阳创立的全真道，缩小了合法性道教的范围。但中国民间实际上还存在很多与地方性信仰、少数民族信仰相结合的修道社团。它们在教义、方术、仪式等方面，都或多或少受到儒道佛三大教影响，是在

---

[1] 这里，选择术的概念包括择吉、命理、风水等。

中国传统文化土壤中滋生的宗教性社团。明清以来，它们虽然没有得到官方的承认，但在民间广为流传，派系杂多，信众和祠庙数量大大超过两个正统合法道派。学术界通常把这些教门叫做"民间宗教"，也有学者称之为"大道教"。学术界也应加强对"民间宗教"历史和现状的研究调查，适当向社会介绍一些相关知识，所以我们将这方面的部分研究成果纳入了书系中。其实在国外也一直是将中国道教和民间宗教放在一起研究的。

澎湃新闻：有人说道教是中国唯一的本土宗教，但又有人不承认道教的地位，甚至说"道教是模仿佛教而创制"的。我们到底该如何看待这两种说法？

王卡：狭义的"道教"（正一道及全真道），是中国当今五大合法宗教中唯一的本土宗教，但不是古今以来中国本土文化中产生的无数以"天道"信仰为根本宗旨的"大道教"中唯一的宗教性或非宗教组织。佛教自汉代传入中国，在南北朝时期实现了"中国化"。道教在佛教中国化的过程中起到了关键的接引和转化作用。当然佛教的教义教制对道教从原始民间教团发展为成熟的合法宗教，也曾有过极为重要的影响，但绝不能说"道教是模仿佛教而创制的"。

（专访记者　臧继贤）

目 录

《道德经》的版本

名称由来 ·· 2
早期主要传本 ··································· 10
道藏本 ·· 21

《道德经》的注本

《道德经》注疏史 ······························· 34
内外家的注疏路径 ······························· 76

《道德经》刻石与写本

碑幢刻石 ······································ 105

敦煌经卷 ·· 112

名士写经 ·· 121

《道德经》的文化地位

作为中国文化元典 ·································· 146

作为道教基本经典 ·································· 157

作为文化交流媒介 ·································· 166

小知识目录

安丘望之 ································ 22

天数、地数 ······························ 28

魏晋玄学 ································ 44

四句百非 ································ 52

性与命 ·································· 64

东床坦腹 ································ 130

《道德经》的版本

《道德经》，亦名《老子》，先秦道家奠基性文献。内容至汉初已基本定型，而后历代相传。同时，汉代开始尊《老子》为经，道教创立教团之后，更尊为基本经典，并随着时代推移而愈受推崇。可以认为，《道德经》不仅是中国文化重要的元典之一，而且是道教思想的首要依据。

在传播的过程中，由于政治、宗教等方面的需要，以及流传方式的不同，《道德经》形成了多种抄本、刻本。中西文化交通之后，《道德经》开始被广泛译为外文，版本更加繁多。

名称由来

《道德经》，初名《老子》，如同《孟子》《庄子》《韩非子》《管子》等先秦文献一样，其得名原因在于系周王室守藏史老子的著作。

据司马迁《史记·老子韩非列传》记载，老子姓李，名耳，字聃，担任东周守藏室之史。此官职，按《史记索隐》："按藏室史，周藏书室之史也。又《张苍传》老子为柱下史，盖即藏室之柱下，因以为官名。"《张苍传》索隐曰："周秦皆有柱下史，谓御史也。所掌及侍立恒在殿柱之下，史谓御史，故老子为周柱下史。"

可以看出，此藏书室不是一般所理解的图书室，而主要是收藏记载周王活动及周代朝事文献的地方。守藏室之史的职责首先是史官。《史通》引："《曲礼》曰：'史载笔，大事书之于策，小事简牍而已。'"《史记索隐》所记与《曲礼》所记情形相同。守藏室之史因是周王的史官而兼具管理典籍的职责，如《庄子·天道》说"周之征藏史有老聃者"，对此成玄英疏称："征藏史，犹今之秘书官，职典坟籍。""征"是典掌之意，与"守"相同。可见老子作为周王的史官，同时管理周王朝的图书。

关于老子名聃，历史上尤其是近代曾引发一些学者的质疑。其实，早在韩非子解释《老子》一书时，老子已被肯定即是老聃。《韩非子·内储说下》云，"权势不可以借人……其说在老聃之言失鱼也"，所言系今本《老子》第三十六章"鱼不可脱于渊，邦之利器，不可以示人"。《韩非子·六反》更直接说："老聃有言曰：'知足不辱，知止不殆。'"所引文句见于今本《老子》第四十四章。所以，老子名聃是确凿的，只因后世学者或出于儒学立场而贬抑老子，或局限于当时材料而又过度疑古，才生出那些议论来。

关于老子的降诞之地，《史记·老子韩非列传》记载，老子是楚国苦县厉乡曲仁里人。由于历代建制沿革不同，具体地址有不同说法。清代梁玉绳引《四书释地又续》指出，老子诞生时，苦县尚属于陈国。鲁哀公十四年（前481），鲁哀公西狩猎获麒麟，其后三年，陈国灭于楚，苦县属楚国。所以，准确来说，老子是陈国人。《史记正义》曰，厉乡当读为"濑乡"，并引西晋《太康地记》曰："苦县城东有赖乡祠，老子所生地也。"东汉边韶《老子铭》曰："故城犹在，在赖乡之东，涡水处其阳。"由于建制变迁，赖乡所属县域至汉晋时已致混乱，但这一地点是确定不变的。延熹八年（165），汉桓帝曾三次遣使到苦县祭祀老子，这一年八月，汉桓帝第二次遣使致祭，主持这次祭祀活动的即是边韶。祭祀的场所称为"老子庙"，即"赖乡祠"。《后汉书·郡国志》称"苦，春秋时曰相，有赖乡"，注引西晋伏滔《北征记》曰："有老子庙，庙中有九井，水相通。"在晋代，苦县即属谷阳县。乾封三年（668），唐高宗幸赖乡，将谷阳县改称真源县。所以《括地志》曰："苦县在亳州谷阳县界。有老子宅及庙，庙中有九井尚存，在今亳州真源县也。"四川大学詹石窗等通过对历代文献描述的地理方位距离的里程数据进行古今换算，认为老子诞生地汉老子祠的遗址在今安徽省亳州市谯城区境内牛集镇姬揣李村。

老子既为周王的史官,又管理王室典籍,当然对朝廷礼乐相当熟悉。所以,孔子这位一心致力于复兴周代礼乐文化的圣人曾专门"问礼于老子"。司马迁在《史记》中多次提及此事,如《老子韩非列传》《孔子世家》《仲尼弟子列传》都曾着墨于此。《老子韩非列传》中,老子告诉孔子:"君子得其时则驾,不得其时则蓬累而行。吾闻之,良贾深藏若虚,君子盛德,容貌若愚。去子之骄气与多欲,态色与淫志,是皆无益于子之身。"《孔子世家》中,老子告诉孔子说:"聪明深察而近于死者,好议人者也。博辩广大危其身者,发人之恶者也。为人子者毋以有己,为人臣者毋以有己。"这些大智若愚、大辩若讷、去除骄奢淫逸、为道无己的思想,显然是《老子》的基本观念。孔子曾说:"南人有言曰:'人而无恒,不可以作巫医。'"(《论语·子路》)

东汉"孔子见老子画像"题字,清末拓本

所谓恒久之处,在孔子看来正是去除"巧言令色"等为"仁"之处,这正是受到老子思想影响的反映。所以,孔子归来后盛赞老子"其犹龙邪",言外之意,老子的思想渊深莫测,大包天地,甚为广漠。

孔子问礼于老子,最早出自《庄子》,书中描述孔子向老子问道、问礼的记载凡八处。此外,《韩诗外传》卷五也说"仲尼学乎老聃"。《礼记·曾子问》四次记载引述老子的话,在这里孔子多次说出"吾闻诸老聃"之语,并说"昔者吾从老聃助葬于巷党",言王室葬礼很是翔实,所以,《史记》多次记载孔子学于老子,这是可以肯定的。

按照司马迁的记述,老子见周王室不可复振,于是离开王都西去。途中路过函谷关,守关之人即关令尹喜对老子说:"您即将归隐而去,还要麻烦您把您渊深的思想以某种言语记述下来,以教育我等。"老子于是留下上、下两篇著作,阐论"道德之意"凡五千余言,随后离

关西行,"莫知其所终"。《史记索隐》引《列仙传》称:"老子西游,关令尹喜望见有紫气浮关,而老子果乘青牛而过也。"后世据此而有"紫气东来"的祥瑞之说。

老子所著书,按照先秦命名的习惯,当为《老子》。作为名号,"老子"系尊称。《史记正义》引张君相语:"老子者是号,非名。老,考也。子,孳也。考教众理,达成圣孳,乃孳生万理,善化济物无遗也。"意思是说,因为研求真理而称老,因为推演万理而称子。这种说法显然是汉或以后的新说,是《老子》被尊为经之后的说法。《说文解字》有:"老,考也,七十曰老。"《史记》称"盖老子百有六十余岁,或言二百余岁,以其修道而养寿也"。显然,"老"系指年长德高,"子"为尊称,与先秦诸子的称谓是同一含义。因为作者,此书被尊称为《老子》。

《老子》作为书名仅仅是代称。《战国策·魏策一》记魏武侯之言曰:"故老子曰:圣人无积,尽以为人己愈有……"《齐策四》记颜斶之言也同样说"老子曰"。再如《庄子》引《老子》文都是直接称谓作者"老子"或"老聃",并不称书名。《韩非子·解老》引述时一再称其为"书",如:"书之所谓治人者,适动静之节,省思虑之费也。所谓事天者,不极聪明之力,不尽智识之任。苟极尽则费神多,费神多则盲聋悖狂之祸至,是以啬之。啬之者,爱其精神,啬其智识也。故曰:'治人事天莫如啬。'"其他如东汉《老子铭》中"其二篇之书称……",直接称为"书"。

西汉时,黄老学盛行,老子被尊奉为黄老道家创始人物,《老子》一书也被尊为经。《汉书·艺文志》已记载有《老子邻氏经传》四篇、《老子傅氏经说》三十七篇、《老子徐氏经说》六篇。可知西汉时,《老子》被尊为经书,并已有不同的传承流派。这如同《诗经》在汉代有"三家诗"一样，表明《老子》一书在西汉社会中拥有很高的地位。这时，《老子》由于分为上、下篇，常被称为"老子上经""老子下经"，又由于两篇言说"道德之意"而被尊称为"老子道经"和"老子德经"。帛书《老子》乙本篇末即有"德"与"道"篇题，牟子《理惑论》也说："老氏道经亦三十七篇。"东汉晚期，《老子中经》出世，其所以名为"中经"就在于《老子》一书原有上、下两篇，取"中"得与之并列。这从侧面反映了《老子》一书在魏晋之前已被称为经，但是分篇传世。合而称之，则为"道德经"，如《老子铭》说"见迫遗言，道德之经"，陆游《渭南集》说："晁以道谓王辅嗣《老子》题曰'道德经'，不析乎道德而上下之。"其中王辅嗣即王弼。武内义雄《老子原始》据陆德明《经典释文》依王弼《老子注》作音释首出"道德"二字认为，晁以道所见到的王弼《老子》注本即是王氏原本。也就是说，王弼题《老子》为"道德经"。这种名称实际是以《老子》一书的内容而代称该书。王弼因为合《老子》上下篇为一部，所以合"道经""德经"，而题为"道德经"。晋皇甫谧《高士传》说："老子……作道德经五千余言，为道家之宗。以其年老故号其书为《老子》。"《史记正义》引《抱朴子》说："老子西游，遇关令尹喜于散关，为喜著道德经一卷，谓之《老子》。"正说明"道德经"之称谓一开始并不是作为书名来使用的，意思实际就是"讲论道与德的经书"。正因如此，《经典释文》依据王弼《老子道德经》注本仍说老子著"道德二篇"。《隋书·经籍志》的著录笔法也反映出题名"老子道德经"的年代问题：

　　《老子道德经》二卷周柱下史李耳撰。汉文帝时河上公注。梁有战国时河上丈人注《老子经》二卷，汉长陵三老丘望之注《老子》二卷，汉徵士严遵注《老子》二卷，虞翻注《老子》二卷，亡。

《老子道德经》二卷王弼注。梁有《老子道德经》二卷，张嗣注；《老子道德经》二卷，蜀才注。亡。

《老子道德经》二卷钟会注。梁有《老子道德经》二卷，晋太傅羊祜解释；《老子经》二卷，东晋江州刺史王尚述注；《老子》二卷，晋郎中程韶集解；《老子》二卷，邯郸氏注；《老子》二卷，常氏传；《老子》二卷，孟氏注；《老子》二卷，盈氏注。亡。

……

所引题名"老子道德经"的文本，除河上公注本外（详见后文），在王弼之前的文本都题名"老子"，王弼及以后的文本同时题名"老子道德经"和"老子"。从合称《老子道经》与《老子德经》而题"老子道德经"，以后又称为"道德经"。如《晋书·王羲之传》云："道士云：为写《道德经》，当举群相赠耳。"《北齐书·杜弼传》云："弼性好名理，探味玄宗……注《老子道德经》二卷，表上之曰：……窃惟道德二经……"从《老子》到《道德经》，经历了由作者得名到由内容得名的转变。

经历六朝，"道德经"的书名慢慢沉淀下来，不过，"老子"与"道德经"称谓并存，即便在道教内部"道德经"成为通称，仍有大量教门中人尊称为《老子》，如顾欢的《老子义纲》等。

唐代，道教备受尊崇，老子被尊为"玄元皇帝"。《老子》一书在诏令中被径称为"道德经"，与《庄子》等道家典籍相区别。如《旧唐书·礼仪志》载："开元二十九年正月己丑，诏两京及诸州各置玄元皇帝庙一所，并置崇玄学。其生徒令习《道德经》及《庄子》《列子》《文子》等。"至天宝元年二月丙申日，唐玄宗诏令："《古今人表》，玄元皇帝升入上圣。庄子号南华真人，文子号通玄真人，列子号冲虚真人，庚桑子号洞虚真人。改《庄子》为《南华真经》，《文子》为《通玄真经》，《列子》为《冲虚真经》，《庚桑子》为《洞虚真经》。"

宋真宗于大中祥符六年（1013）将老子"太上玄元皇帝"之号改为"太上老君混元上德皇帝"，宋徽宗于政和七年（1117）十二月将《道德经》改名为"太上混元上德皇帝道德真经"。不过，这种尊称似有不妥。据《续资治通鉴长编纪事本末》卷一百二十七记载，宋徽宗改经名的动因是"太上老君所著《道德真经》，世以诸子等称，未称尊崇之礼"，也就是要在名称上把《道德经》与诸子文献区别开来。而实际上，唐代四子之书之所以被尊为"真经"，是因为四子被尊为"真人"。而老子为"玄元皇帝"，列入"上圣"，不与四子并列，自然《老子》一书不应称为"真经"。

唐改四子真经以后，在天宝元年四月，诏崇文习《道德经》，仍以"道德经"称之。据《新唐书·艺文志》《文献通考·经籍考》，杜光庭、李荣、成玄英、杨上善等道士所注《老子》都题名"道德经"，唐玄宗御注本亦然。又据《新唐书·艺文志》记载，天宝年间，唐玄宗为了更大力度地尊崇《道德经》，曾尊称其为"玄通道德经"，但是"世不称之"。又据《续资治通鉴长编纪事本末》记载，宋徽宗在诏令中仍然称"道德经"，而不称其为"真经"。陈景元等北宋高道称为《道德经》，南宋，道士如薛致玄则称为《道德真经》。这一称谓遂在后世道教界延续下来。但含义当与唐代不同，如诸多道教真经一样，主要是从性命之真来说的。

早期主要传本

《道德经》在历史上主要通过两种途径流传，一种是文本传抄，一种是各家注疏。不论是文本传抄，还是各种注本，由于抄写目的不同或所据底本的出入，各版本之间呈现出程度不同的差异。一般来说，早期的抄录本差异较大，汉魏以后的注本相对差异较小。根据考古发掘，目前留传下来的早期抄录本有郭店楚简本、马王堆帛书本、北大汉简本、傅奕古本（项羽妾冢本）。

郭店楚简本

现存最早的《道德经》版本是1993年湖北荆门郭店出土的战国楚简本。1993年10月，荆门市博物馆对已遭盗掘的郭店一号楚墓进行清理发掘，在木椁头箱中发现了800多枚竹简。经过修复、拼接，其中有71枚是抄录《老子》的。整理者根据竹简的形制、长短，把这71枚竹简分为甲、乙、丙三组。

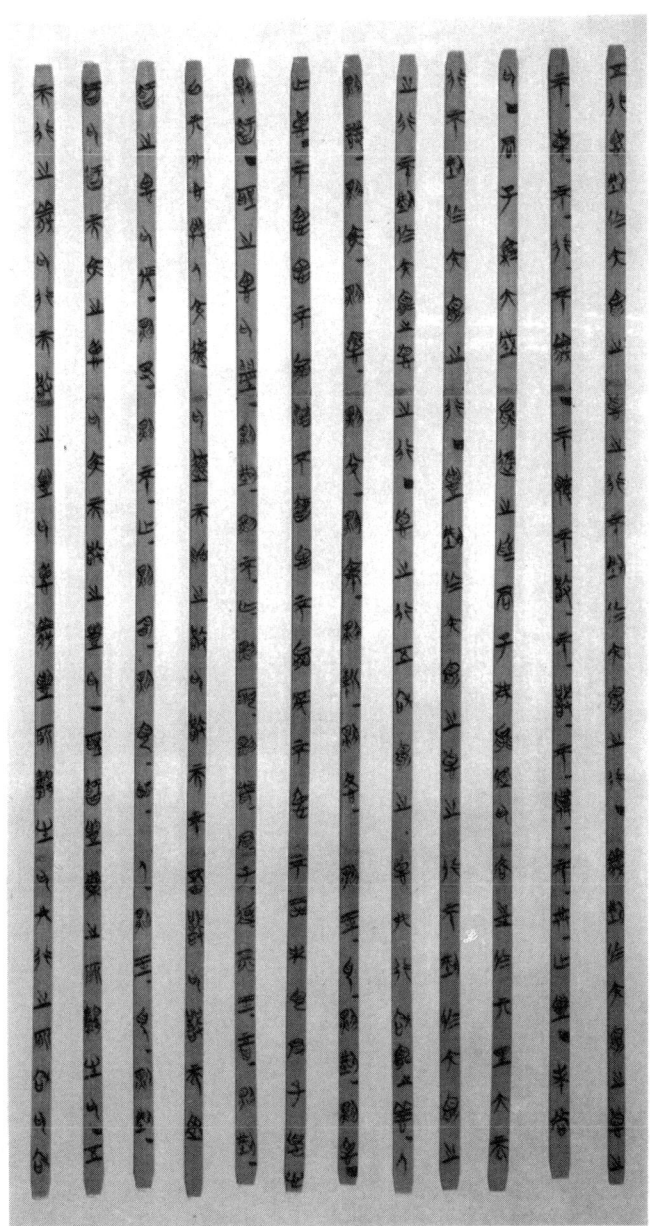

郭店楚墓竹简《老子》(部分)

甲组竹简两端呈梯形，简长32.3厘米，编线两道（间距13厘米）；乙组竹简两端平齐，简长30.6厘米，编线两道（间距13厘米）；丙组竹简两端平齐，简长26.5厘米，编线两道（间距10.8厘米）。从抄写水平来看，丙组艺术性最强，字体秀丽，笔法含敛，用笔谨慎。乙组次之，甲组更次之，运笔随意，略显粗糙。三组楚简与今本《老子》的对应关系如下：

楚简	今本《老子》
甲组39枚	第十九章、六十六章、四十六章后半段、三十章、十五章、六十四章后半段、三十七章、六十三章首尾、二章、三十二章、二十五章、五章中段、十六章开头、六十四章前半段、五十六章、五十七章、五十五章、四十四章、四十章、九章
乙组18枚	第五十九章、四十八章前半段、二十章开头、十三章、四十一章、五十二章中段、四十五章、五十四章
丙组14枚	第十七章、十八章、三十五章、三十一章、六十四章后半段

内容上，甲、丙两组都抄有第六十四章后半段，但文字颇有出入，除此之外，再无重复。按照裘锡圭的统计，除去重复的75字，三组楚简共有1666字，相当于今本《老子》字数的三分之一左右。三组竹简的内容既都出现在今本《老子》中，又几乎没有相互重复，这说明三组竹简有共同的可供抄写的底本，只是依据不同的主题从中作出不同的选辑而已。概言之，甲组的主题是"无为而治"，乙组的主题是"养德"，丙组的主题是"以道治事"。

三组楚简使用了三种形式的标示符号，分别是短横（—）、墨块（■）和钩（）。墨块主要表示一章的结束，有时表示一句的结束。短横主要用在句末，有时用在两章之间。二者主要在阅读时起停顿语气的作用。钩表示一个段落或一篇的终结，见于甲组32、39两枚竹简。与一同出土的其他竹简使用情况一样，由钩至竹简末尾都留有大量空白。根据这些符号，一方面可以了解到甲组有可能又分为两个部分，另一方面可以知晓竹简本的具体分章。比如，甲组同时具有今本六十四章前后两段的内容，但并没有抄写在一起，据简中墨块可知，这两段文字在甲组中原属于两章。由此，我们可以粗略知道《老子》楚简本与今本之间在分章上的变化。据裘锡圭《中国出土古文献十讲》分析，主要有如下情形：

今本十七章和十八章在楚简本原是一章，见于丙组竹简。

今本二十章在楚简本原是两章，自"荒兮其未央"为独立一章，之前的语句见于乙组竹简。

今本四十六章在楚简本原是两章，自"罪莫大于可欲"以下属另一段，见于甲组竹简。

今本五十二章前后义不连属，在楚简本可能原分为三章。自"塞其兑"至"终身不救"独立成段，见于乙组竹简。

今本六十四章在楚简本原是两章，自"为者败之"以下属另一段。《韩非子·喻老》所据底本中，这两段亦不连属。

此外，楚简本仅有相当于今本三分之一的内容，并不能根据楚简本就把对应的今本分割为不同的章节。

楚简本除与今本一些篇章有差异外，思想内容也有差别。如根据今本第十七章和第十八章在楚简本的对应内容，可知楚简本既不"绝圣"也不"绝仁弃义"，只是反对智辩、巧利、诈伪。

关于抄写时间，在1998年5月召开的"郭店老子国际研讨会"上，与会者认为郭店一号楚墓的年代约为公元前4世纪晚期至前3世纪早期。据此，楚简本《老子》的抄写时间在公元前300年左右。有些学者根据三组竹简文字（如假借字）的不同，推测甲组竹简抄写时间最早，或可定在公元前400年左右，乙组较晚，丙组更晚。

马王堆帛书本

马王堆汉墓位于湖南长沙市东郊五里碑，为一马鞍形土堆，封土堆高10余米，直径30米左右。该墓地曾被讹传为五代十国时楚王马殷的墓地，故称马王堆；又曾被附会为长沙王刘发埋葬其母程、唐二姬的"双女冢"。长沙为汉长沙国首府临湘县所在地。1972～1974年，湖南省博物馆与中国科学院考古研究所相继发掘，先后出土三座西汉墓葬。据考证，这是西汉初期诸侯家族墓地，一号墓主人为汉侯利苍之妻，二号墓主人为利苍本人，三号墓主人是利苍之子。三号墓出土的一件木牍有"十二年十二月乙巳朔戊辰"等字样，标志着该墓的下葬年代为汉文帝十二年（前168）。

三号墓出土了大量文物，其中之一为举世闻名的帛书。装帛书的黑色漆器盒分为五格，靠边的一格装有竹简，大方格里有一堆折叠的生丝细绢，出土时已成"泥砖"状，22厘米×16厘米，厚8厘米。这批绢帛被装在充满氮气的塑料袋中运往故宫，故宫博物院修复厂工作人员将其放入较深的瓷盆内，用蒸馏水浸泡，借水的浮力先揭为十几叠，每人负责一叠，共揭剥出400余片。因其质地，统称"马王堆帛书"。马王堆帛书整理小组发现，这批帛书达50余种（远超初期统计的20多种），共计12万多字，内容涵盖政治、经济、思想、文化、天文、地理、医学等内容，但破损严重。帛书中被最早整理发布的即是两种《老子》写本。整理者把字体较古的一种称为甲本，把另一种称为乙本。后来的研究者也分别称为帛甲与帛乙。

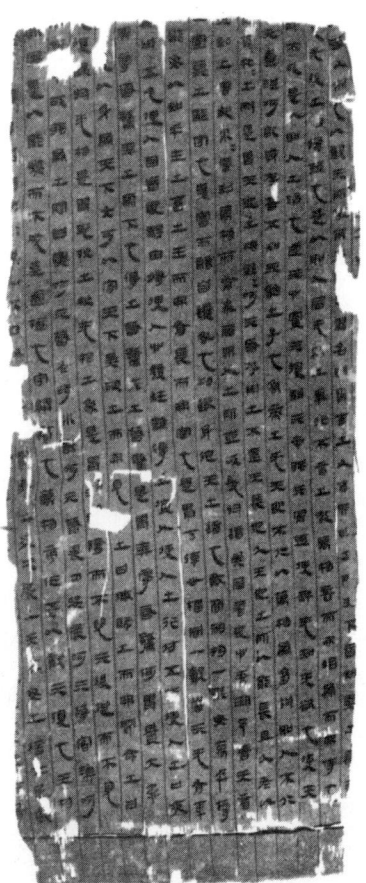

马王堆汉墓帛书《老子》局部

甲本及卷后佚书合抄成一长卷，卷在一个长条形木片上，存放在奁盒之内。出土时，裹在里面的帛残断得厉害，造成其卷首部分残破较多。帛书高约24厘米，朱丝栏墨书，字在篆隶间，共464行。不避汉高祖刘邦、吕后讳，字体接近秦篆，抄写年代可能在刘邦称帝（公元前202）之前。乙本及卷前佚书《黄帝书》抄写在一幅大帛上，折叠后放在漆盒内，出土时已断裂为32片。原高48厘米，朱丝栏墨书，隶书体，共252行。乙本避刘邦字讳（甲本中可辨识的22个"邦"字，乙本都改为"国"字），不避汉惠帝刘盈、汉文帝刘恒讳，字体与同墓出土的有文帝三年纪年的《五星占》很相似，抄写时间可能在刘邦称帝之后的汉初。

帛书本都是《德经》在前，《道经》在后，次序与通行本相反，而与《韩非子·解老》和严遵《老子指归》相合。通行本第四十一章，帛书两本在四十章之前；通行本第八十、八十一章，帛书两本在六十七章之前；通行本第二十四章，帛书两本在二十二章之前。整理者认为，寻绎文义，其顺序较通行本合理。

帛书本不仅可作为校勘传世古籍的依据，也为研究汉代书法及书法演变发展提供了珍贵的依据。帛甲的字体系篆隶之间的古隶体，帛书整理者称，"其用笔粗细相间，方圆并重，其章法则欹斜正侧，参差错落，挥洒自如"，体现出"朴拙高古的神韵"。乙本是比较定型规范的隶书，"字形以扁平为主，笔道方劲，左波右磔，伸敛自如，横平挑钩，隶法严谨，章法上则行距渐紧，字距较开，布局整齐匀称"。

从楚简本到帛书甲本，从帛甲到帛乙有着比较明显的文本递变的轨迹。楚简本用墨块分章比较多。帛书本各章是连续抄写的，甲本偶尔使用墨块分章，乙本完全不使用墨块。帛甲本少有的分章中也与楚简本较为接近，如属于通行本第四十六章、第五十二章的内容，帛甲本分章都与楚简本相同。此外，楚简本各组有各自的主题，帛书本文句连属和分篇前后都相同，而且乙本篇末有篇题和字数，分别作"德　三千卌一"和"道　二千四百廿六"，已经明确以主题命名。需要指出的是，有一种观点认为，帛乙的篇题仅是取篇首或章首中的某一字名之，犹如《诗经》《论语》等取首字命篇一样，没有更深的含义。这种观点，北宋陈景元《道德真经藏室纂微开题》即持此论，司马光也有引述，但并不符合战国文献的实际情形，如《墨子》《荀子》《韩非子》等先秦文献中很多都已经按照篇章主旨来确定篇名了。

整体上看，在文字连属上，从楚简本到帛书本再到今本，《老子》的分章呈现逐渐合并的趋势。但是，从楚简本到帛书本，以及从帛甲到帛乙，并不是单线的演进关系。在楚简本中存在异文，在帛甲与帛乙中同样存在。如甲组27枚简说："闭其兑，塞其门。"乙组13枚简云："闭其门，塞其兑。"帛甲作"塞其闷，闭其门"，帛乙作"塞其垸，闭其门"。同属通行本第六十四章的内容，甲组11枚简有"临事之纪，慎终如始，此亡败事矣"一句，丙组无"临事之纪"四字，帛书本也没有；丙组12枚简有"人之败也，亘（恒）于其赦（且）成也败之"（高亨释文为"民之从事也，恒于几成而败之"），甲组无，帛书本有大体相同的句子。帛甲、帛乙在句型、虚词、用字方面均有差别，说明除抄写者可能出现衍文、错字、漏字外，楚简本各组、帛甲与帛乙所据底本也可能不同。

日本金谷治和高亨等认为，战国末期应该有多种《老子》异本在流传，德篇在前、道篇在后的版本只是其中之一，也可能同时存在道篇在前、德篇在后的本子。高亨、池曦朝认为，道篇在前者属道家传本，道篇在后者属法家传本；李学勤则认为，道篇在前者属北方道家传本，道篇在后者属南方道家传本。

北大汉简本

2009年初北京大学接受社会捐赠，得到3300多枚西汉竹简，这些竹简随之被命名为"北京大学藏西汉竹书"，其中最珍贵的是一部完整的《老子》。

据整理报告，汉简本《老子》现存完整竹简176枚，残断竹简105枚；经拼缀后，共有完整及接近完整的竹简210枚，残简10枚，另有两枚完整竹简遗失，推测汉简《老子》原书应有完整有字竹简223枚。其完整简长31.9~32.2厘米（以长32.1厘米者最多），宽0.8~0.9厘米，三道编绳，有契口（竹简上用以固定编绳的小缺口）。文字书体清秀飘逸，体势略向左下方倾斜，与成熟的汉隶接近，据此推断，抄写年代可能在汉武帝后期，不晚于汉宣帝。

汉简本《老子》分为上、下两篇。2号简背面上端有"老子上经"四字，124号简背面上端有"老子下经"四字，表明汉简本《老子》分为上、下篇，佐证了司马迁的记录。其《上经》相当于通行本《德经》，《下经》相当于通行本《道经》，与帛书本一致。韩巍指出，分别以"上、下"和"德、道"命名的两种《老子》版本系统很可能在战国晚期已经并行。

写满字的竹简一般每简28字，文字分布极为均匀整齐，极少数简写到29字。根据计字尾题（陈梦家称汉代简册篇末记全篇字数的文字），《上经》"凡二千九百卌二"，《下经》"凡二千三百三"，合计自注字数为5245字，这是抄写者省去重文的统计结果。全书正文现存5200字，另重文110字；推测原书正文应有5265字（较其自注字

北京大学藏西汉竹书之《老子》局部

《道德经》的版本 | 19

数多20字），另重文114字。汉简本比帛书本减少200多字，主要是省去很多虚词的缘故，语气更为紧凑。

汉简本《老子》分章清晰，每章均另起一简抄写，章首（第一道编绳之上）有圆形墨点"·"作为分章提示符号，章尾未写满的简有留白。所以，可以很清楚地看到《上经》（德经）有四十四章，《下经》（道经）有三十三章，共计七十七章。为防止竹简散乱，汉简本背后普遍有极细的斜直刻划痕。通过这些划痕的走向与接续，可以确认《上经》《下经》之内的章序应与通行本一致。可见，汉简本是与通行本最为接近的版本，章序完全一致，仅分章情况小异，比如有三章在通行本中各分为两章，有一章通行本中分为三章，也有其中的两章后来被合并为一章，等等。

道藏本

傅奕古本（项羽妾冢本）

现在可见到的早期版本中，还有一种是傅奕古本。此本也是经过出土而来，但在南北朝时期即已出土，经傅奕整理，被收入《道藏》，所以傅奕古本也是《道藏》所收版本之一。

傅奕（555～639），唐初相州邺（今河南安阳）人。精于天文历数。隋开皇中，以仪曹事汉王谅。隋末，为通道观道士。唐武德初，拜太史丞，迁太史令。宋谢守灏《太上老君实录》卷三说："唐傅奕考核众本，勘数其字，云：项羽妾本，齐武平五年，彭城人开项羽妾冢得之。安丘望之本，魏太和中道士寇谦之得之。河上丈人本，齐处士仇岳传之。三家本有五千七百二十二字，与《韩非·喻老》相参。又洛阳有官本，五千六百三十五字。"其中提到，南北朝北齐武平五年（574），项羽妾墓被彭城人掘开，出土了《老子》抄本。项羽妾墓下葬时代应稍早于马王堆汉墓，此本与帛书本年代相当，字句大体相同。傅奕当时参考了九家注本进行整理，校订为《古本篇》。所以，傅奕古本实以汉魏以来流行的本子为底本，内容多经后人参校改动，古本原貌已无法稽考。

其中提到的安丘望之本，《高士传》与《经典释文》作《老子章句》；河上丈人本，后文再述；洛阳官本，即内府藏本，在西汉为中秘本，刘向据以校定，为通行本所沿袭。

小知识◎安丘望之

皇甫谧《高士传》载："安丘望之者，京兆长陵人也。少治《老子》经，恬静不求进宦，号曰安丘丈人。成帝闻，欲见之，望之辞不肯见。上以其道德深重，常宗师焉。望之不以见敬为高，愈曰损退，为巫医于民间。著《老子章句》，故老氏有安丘之学。扶风耿况、王伋等皆师事之，从受《老子》，终身不仕，道家宗焉。"汉京兆长陵，即今咸阳。安丘望之，生卒年已不可考，只能知道生活于汉成帝时期。汉成帝在位时期系西汉晚期，文中提到的耿况为东汉开国功臣耿弇的父亲，王伋是王莽之从弟。《后汉书·耿弇传》也有相关记载。安丘望之所作《老子章句》，《隋书·经籍志》著录为"毋丘望之《老子注》二卷，《老子指趣》三卷"，《经典释文》也作"毋丘望之"，并注"字仲都，京兆人，汉长陵三老"。新旧《唐书》改回"安丘望之"。安丘望之与严遵同时，齐名，东汉梁鸿著有《安丘严平颂》称赞二人，此文已佚，仅一句"无营无欲，澹尔渊清"保留在《文选》注中。从中可以看出安丘望之少私寡欲的道家形象。安丘望之不肯应召出仕，而是在民间行医，这一形象是道医同源的早期印证。

通行本

从早期传本到通行本，中间的过渡版本即是前文提到的邻氏、傅氏、徐氏三家本，见载于《汉书·艺文志》。此三家经传或经说是阐释《老子》思想的，"乃讲说道家义蕴之文，固非注述之体"（张舜徽《汉书艺文志通释》），所以篇章书目不一，但是他们所依据的文本可能就是中秘本。张舜徽引清代姚振宗说："本书《外戚传》：'窦太后好黄老言，景帝及诸窦不得不读《老子》，尊其术。'是当文、景、武帝之初，黄老之学最盛。此邻氏、傅氏、徐氏三家，当在其时。"东汉时，桓谭曾对大司空王邑、纳言严尤说："老聃著虚无之言两篇，薄仁义，非礼乐，然好之者以为过于五经，自汉文景之君及司马迁皆有是言。"可知，汉初，文帝、景帝时期，朝廷崇尚黄老之学，尊奉《老子》。释道世《法苑珠林》卷六十二引《吴书》记载，阚泽对孙权曰"至汉景帝以《黄子》《老子》义体尤深，改子为经，始立道学，敕令朝野悉讽诵之"。焦竑《老子翼》据此认定，《老子》称"经"始于汉景帝时，但《吴书》今已不存，真伪难以定准。不过，既然有"官本"存在，汉武帝又曾"罢黜百家，表章《六经》"，此"官本"确定的时间很可能就在汉景帝时。汉初，黄老学极盛，《老子》被宫廷内府所藏，是为"中秘本"。

刘向曾奉召以中秘本校定《老子》。宋谢守灏《太上老君实录》卷三引西汉刘歆《七略》，言及成帝时刘向校勘《老子》的情况："刘向雠校中《老子》书二篇，太史书一篇，臣向书二篇，足中外书五篇一百四十三章。除复重三篇六十二章，定著二篇八十一章。上

刘向像

经第一,三十四章;下经第二,四十七章。"其中说到的"中《老子》"即中秘本《老子》,"太史书"是为史官藏书,"臣向书"是刘向家传《老子》。刘向承家学,其父刘德年轻时攻修黄老学(见《汉书·楚元王传》),刘向本人著《列子序录》称道家"合于六经",更著《说老子》四篇(见《汉书·艺文志》)阐发《老子》义理。刘向综合三种传本,删去重复的六十二章,定《老子》为八十一章。宋董思靖《道德真经集解序说》也说刘向定"上经三十四章,下经四十七章"。(据《太上老君实录》删改而成的《混元圣纪》卷三说刘向定上经三十七章、下经四十四章,系误抄。关于《老子》分章问题的诸多讨论,详见尹志华《〈老子〉通行本分章问题再探讨》的述评。)而《老子傅氏经说》三十七篇,东汉牟子《理惑论》说老子《道经》三十七章,蒋伯潜《诸子通考》据此认为傅氏经说仅说上经,西汉可能已存在上经三十七章的版本。结合全篇八十一章和上经三十七章,而有上经三十七章、下经四十四章的分法,而且是《道经》为上经,在前。这正是现在通行本的分章数和分篇情况。

董思靖《道德真经集解》书影

东汉末年，天师张陵建立五斗米道后，将《老子》奉为经典，又将文中许多"之""乎""兮""者"等虚字大量删削，把《老子》凑成整整5000个字。但出于对经文的尊重，在词语方面加工修改很少，基本上保存了古本原貌。这便是"五千文本"，在道教内部流传。

从早期版本到通行本

从早期版本到通行本，《老子》一书经过长期的多版本、多系统流传，最终被确定为八十一章、《道经》在前《德经》在后的固定版本。在这个演变过程中，主要发生了句式、用字、篇序、章序等方面的变化。

帛书本是文句最为繁冗的，虚词使用较多。汉简本已经比较精练，删减了一些不必要的虚词。通行本更为简洁，如第四十章"反者道之动，弱者道之用"，帛书本作"反也者，道之动也；弱也者，道之用也"（帛甲和帛乙各有缺字，可互校补），汉简本作"反者道之动也，弱者道之用也"，明显呈现出文句趋于简化、删减虚词的特点。通行本各本虚字安排更为适当。

楚简本、帛书本使用的假借字、异体字比较多，尤以帛书本为多，汉简本就要少很多。如通行本第十三章"宠"字，楚简本系异体字，帛甲作"龍"，帛乙作"弄"，皆为假借字；"患"字，楚简本、帛乙、汉简本均相同，唯帛甲作"梡"，为假借字。又如通行本第三十二章"譬"，楚简本、帛乙作"卑"，帛甲作"俾"，汉简本作"避"，为假借字；"猶"，楚简本、帛乙均作"猷"，为假借字；"谷"，楚简本、帛书本作"浴"，为异体字。

通行本第二十五章"道大，天大，地大，王亦大"，帛乙作"道大，天大，地大，王亦大"（帛甲缺"道大"二字，可据此补出），从下句"人法地，地法天，天法道"顺序来看更为合理，但从楚简本甲组和汉简本、《淮南子·道应》引文来看，"天大，地大，道大"的排序居多。我们只能据此认为这原是两个系统的版本，并不能评判哪个版本更具优势。

在分章方面，前文已经指出，从楚简本到帛书本再到汉简本、通行本，整体来看是合并的多、拆分的少。有研究者甚至根据帛甲的墨钉，将其分为一百多个单元（章），从中可见早期版本多依据"思想（文义）单位"来划分章节。后来则有意使这些思想片段连属成为篇章，"同义相聚"是《老子》各章分合的基本原则（姚鼐《老子章义》）。北宋陈景元在《道德真经藏室纂微篇》就认为，《老子》是老聃根据关尹子的问答而随机说教的，属语录体，本无上、下篇之分。

进而，从篇序来看，即是《道经》在前或在后的问题，从帛书本发现起，直到汉简本的回藏，研究者多主张同时存在这两种篇序。帛书本整理小组曾认为《老子》是一种兵书，也有研究者认为《老子》的思想主要是"君人南面之术"，即是一种政治哲学。坚持这种观点的都以为《老子》应该是《德经》在前。现在看来，《韩非子》的引述与楚简本、帛书本、汉简本等都比较支持这个观点，但韩非是法家人物，出土文献的墓主人也多是一方诸侯，他们选用的《老子》版本很可能属于同一系统。朱谦之曾在《老子史料学》中提出，《老子》文本原分左、右、中三派。右派尚道德，主张清静无为；左派讲兵，尚法术。刘向勘定时曾删削重复的三篇六十二章，说明他所依据的各派传本有异文，内容有出入。所以，左、右派的传本很可能不同，左派可能传《德经》在前的本子，右派可能传《道经》在前的本子。因此，也不能根据帛书本就认为《老子》的主张不是无为而是有为。刘笑敢指出，《老子》传世各版本每一编校者心目中的"理想文本"并不完全一样，编校者大都希望校正后文从字顺、义理条贯、合辙押韵。这一评论同样适用于早期传本。

定《道经》在前，有其理论背景的支持，这种主张又合于道教的理论诉求，所以篇序才得以统一，这是讨论时应该注意的。谢守灏《太上老君实录》评论说："中书与向书俱云二篇，则未校之前已有定本。今传称《老子》有八十一章，共云象太阳极之数。《道经》在上以法天之数奇，故有三十七章。《德经》在下以法地，地数偶，故有四十四章。"其全经的总章数及上下篇的章数，与汉代的宇宙论及天人感应论、谶纬之学是相呼应的。汉代定谶纬八十一篇，《汉书·五行志》记载，"刘向治《穀梁春秋》，数其祸福，传以《洪范》，与仲舒错"，《艺文志》天文种著录"《图书秘记》十七篇"。根据姚振宗的观点，这是源自《七略》《别录》的数据，所以，刘向等是熟悉谶纬文献的（详见《两汉南北朝史探幽》）。这种术数观念是秦汉思想的背景色，在《周髀算经》《太玄》《孝经援神契》等著作中，"八十一"反复出现，被认为是周天之数、阳极之数。《汉书·律历志》说："天之数始于一，终于二十有五。其义纪之以三，故置一得三，又二十五分之六。凡二十五置，终天之数，得八十一……天之中数五，地之中数六，而二者为合……"这段话详细记载了"八十一"的易学含义，以及通行本分章定数的依据是"天五地六"，即"八十一"的十一分之五约等于三十七，十一分之六约等于四十四。

小知识◎天数、地数

在易学基本概念中，一、三、五、七、九是阳数，也就是天数；二、四、六、八、十是阴数，也就是地数。五个阳数总和是二十五，所以天数终于"二十五"。同理，地数终于"三十"。王元启《汉书律历志正伪》说，"又二十五分之六"这七个字应该在"终天之数"后面，于是形成一数学题："纪之以三"，即25×3；"又二十五分之六"，即+6，总之，25×3+6=81。之所以要乘以三，又源于三分法，始于"三生万物"，成于《太玄》，朱彝尊《经义考》有讨论。为什么加上六，诸家均无注解。《易纬乾凿度》注说"阳道专断，兼统阴事"，可备一说。

"天五地六"不仅是易学天地数的概念，更重要的是五行观念的早期内容。此说法在《左传》中反复出现，汉代以后认为天地均可用五行分析，于是五行说便在数字取用方面固定下来，而"地六"说淡出了历史。比此说晚出，又在汉代同时流行的术数观念还有"阳三阴四"说。谶纬文献中如《易纬乾凿度》还据此将《周易》区分为上、下篇，"上篇三十，所以象阳也"，"下篇三十四，所以法阴也"。但是，"三十"应该是地数，也就是阴数（同卷下文即持此论），怎么能"象阳"呢？显然是前后自相矛盾。可见，这类术数观念是人为设计的，没有一定的理性依据。

道教定本

黄老道家已尊奉《老子》，且称为"经"。张道陵创立五斗米道后，道教有了明确的组织形态。五斗米道亦即后来的天师道都尊奉《道德经》。道教尊奉的版本是上经三十七章的八十一章本，但又有少量改动。

就《老子》一书的叙述逻辑和思想重心来说,《道经》在前,《德经》在后,无疑是符合文献原意的。通行本第三十八章"失道而后德"一句已经完全表述出"道"先"德"后的逻辑次序。即便是在《韩非子·解老》中,"道"显然也是"德"的依据,如其所论:"母者,道也,道也者生于所以有国之术……夫道以与世周旋者,其建生也长,持禄也久……德也者,人之所以建生也;禄也者,人

唐景云老子石造像

《老子骑牛图》,明代张路

之所以持生也。今建于理者其持禄也久……"在《解老》下文中，"道"被解释为"理"，显然韩非子认为"为君之道"是为政之德的内在依据。所以，篇序确定为《道经》在前、《德经》在后是有充分的义理依据的。将《老子》主要理解为"君人南面之术"者自然倾向于将《德经》放在前面，而汉代元气论的兴起则更在哲学思辨上肯定"道"的本体地位。前文所论"天大"与"道大"的排序问题即反映了这一点（参见陈静《"域中有四大"——从"四大"的不同排序看〈老子〉文本的演进》）。元气论无疑是道教的基本教义，使得道教更加注重道先德后的逻辑顺序，这一点从《老子铭》《老子想尔注》及六朝道经可知。

就分章来说，"八十一"被认为是阳极之数。阳极之数本是指"九"，如此，如《太玄》所论，九乘以九得八十一。两个九表示，阳取数为九，阴取数也是九（汉代端午节的设立即体现了这一思想内涵，只是它取阴阳皆为"五"）。所以，"八十一"是纯阳之数。而且上篇三十七章，取象于天，取阳数；下篇四十四章，取法于地，取阴数。上下相加，得到纯阳之数。这就体现了道教独特的纯阳思想。按照"地法天，天法道"的顺序，而有阴取法乎阳终成纯阳。这是道教定八十一章版本的教义依据。虽然陈景元等指出《道德经》的分章不可能是取象阳极之数的结果，但在汉代道教教团创立之时，这种源于浑天论的比附是作为背景观念而存在的。据谢守灏《太上老君实录》记载，"葛洪等不能改此本章"，而依据"天以四时成，故上经四九三十六章；地以五行成，故下经五九四十五章"的阴阳五行观念，将《道经》"常无为"一章移于通行本第八十一章之后，形成《上经》三十六章、《下经》四十五章的分篇方法，但"通上下经以应九九之数"，没有也不敢改动九九八十一章的总数。可见这种观念对道教的影响之深。

《道德经》的注本

《道德经》的重要传承途径之一即是诸家注解。前文提到的韩非《解老》《喻老》两篇是今所见最早的《道德经》注释文献，但韩非是撷取可资利用的《老子》文句进行义理解释以阐发自己的政治理念，这开启了《老子》注疏的基本路向。汉代的《傅氏老子经说》《邻氏老子经说》大都具有这种特征，以严遵的《老子指归》为代表。自东汉章句之学兴起后，《老子》注疏开始采用"就经为注"的章句注疏体，成为《道德经》

注疏的基本形式。

之后,随着玄学、重玄学等思潮的兴迭,历代注家蜂起。道教内部更以《道德经》为基本经典,注疏不断。《汉书·艺文志》《隋书·经籍志》著录的前代注本多有亡佚,正统《道藏》所收注本60种;严灵峰《无求备斋老子集成初编》汇刊明代以前注本150种,《续编》则有明代以后的204种;熊铁基《老子集成》则收书265种,种类虽少于无求备斋所集,但有87种为无求备斋所无。总之,《道德经》作为道家元典和道教基本经典,教内外从各种立场、各种角度纷纷予以解读、注疏,成为中国哲学解释学主要且重要的组成部分。

《道藏》三清像

《道德经》注疏史

《道德经》的注疏史也称老学史，它同样存在"六经注我"与"我注六经"两种理路，不仅是解释《道德经》的文本内涵，更是阐发对"道"等具有根本普遍性问题的一些新思考与追问。亦即，注疏这种行为本身构成了文本之外的意义，追问与反思是人类契入世界的最基本路径，当然也是道家、道教推进义理阐释的基本方式。

从韩非子起，历代注家从不同角度展开对《道德经》的注解，这其中有个人理解的不同，也有时代思潮的影响。就时代特点而言，元代道士杜道坚《玄经原旨发挥》卷下说："道与世降，时有不同，注者多随代所尚，各自其成心而师之。故汉人注者为汉《老子》，晋人注者为晋《老子》，唐人、宋人注者为唐《老子》、宋《老子》。"以下仿照此断代标准简要论述。

汉老学

汉代黄老学一度兴盛，后来虽然有汉武帝独尊儒术而影响不减，前文已言及。首先是文献中多见学习老子或引述《老子》的记载，陈平、刘德（刘向之父）、直无疑、楚王英、郎𫖮、范升、淳于恭、翟酺、孔融、李固、向栩、廖扶、梁鸿等人的传记都有记载，河间献王还曾得到别人所献古文《老子》。

其次，帛书本、楚简本的出土，不排除早至汉初已经视《老子》为一种宗教性的典籍，以之随葬可达到升天度亡目的的可能。与帛书本同时出土有《升天图》，最能说明汉代希望借助某些宗教力量达到引魂升天的效果。汉末《风俗通义》曾记载汉武帝令巫者诅咒董仲舒，董仲舒"朝服南面，诵咏经论，不能伤害，而巫者忽死"。董仲舒所诵读的经论自然是儒家经典，《艺文类聚》引《汉献帝传》、《太平御览》引《东观汉纪》都有太史令王立说《孝经》"能消却奸邪"，《后汉书·向栩传》有向栩主张北向读《孝经》以退张角之兵的记载。儒家经典尚被认为有如此力量，何况《老子》？《淮南子·道应训》中即有两则以《老子》解释天人感应的记载。

对历史影响最深远的莫过于汉桓帝祭祀老子。延熹八年（165），桓帝正式在宫中立黄老、浮屠之祠，并三次遣使到老子故里苦县祭祀老子。第一次在正月，"遣中常侍左悺之苦县，祠老子"；第二次在八月甲子，桓帝梦见老子，命陈相边韶祀老子；第三次在十一月，"使中常侍管霸之苦县，祠老子"。次年，即延熹九年（166）六月，桓帝又亲自到濯龙宫"祠黄老"。

应该说，汉代黄老学的影响一直发酵，在汉桓帝时期达到无以复加的地步，此前二三十年张道陵已创立五斗米道。也正因为如此，当时的刘陶著《匡老子》一书力图消减黄老学的影响以恢复儒家的官方地位。

在这种背景下，汉代《老子》流传很广，影响很大，传习者与注解者也开始涌现。据王重民《老子考》，见诸著录的主要有：

《老子邻氏经传》四篇、《老子傅氏经说》三十七篇、《老子徐氏经说》六篇、刘向《说老子》四篇、安丘望之《老子章句》二卷、严遵《老子》二卷、严遵《老子旨归》十三卷、马融《老子注》、宋衷《老子注》、刘陶《匡老子》、张道陵《老子注》、张鲁《老子想尔注》二卷。

这些注本大多已亡佚，仅《老子指归》《老子想尔注》留有残卷。此外，汉代还有一部影响巨大的注本，即《河上公章句》，但此书撰著的年代历代争论不休，更是现代道教学争议的一大话题。综合诸家观点，大致可以认为《河上公章句》的编纂始于东汉，定型于六朝。而《淮南子·道应训》也可看作是《老子》的一种注解，与《韩非子·解老》《韩非子·喻老》有异曲同工之妙：都是用具体的历史故事来阐释一家之见解，前者意在阐发一种宇宙论，后者意在解说治乱得失与国运兴替。

汉代诸家注解呈现出三大时代特征：

其一，主体上从属于汉代黄老学，重在阐发"无为之治"。汉代对《老子》的理解沿袭了《韩非子》的思路，总体上视之为"君人南面之术"（《汉书·艺文志》），即实施休养生息的政治理论。只不过，这种政治理念掺入了刑名法术和儒墨思想。陆贾奉高祖之命作《新语》，其中就将理想的社会形态设计为《老子》的"小国寡民"。陆贾《新语》"其目的是在解决现实上的问题，所以他把儒家的仁义与道家的无为之教结合在一起，开两汉儒道并行互用的学风"（徐复观《两汉思想史》）。受其影响，汉代对《老子》的理解很大部分是从黄老学的角度出发的，如刘德"少修黄老术，有智略"，即所学《老子》等黄老著作主要是为了获得治国方略。受其影响，刘向注《说老子》。其书虽佚，思想仍可见一斑。如他在《列子叙录》中说："道家者流，秉要执本，清虚无为。"所著《说苑》以《君道》开篇，首明人君清静无为之义。《抱朴子·登涉》则直接将严遵与黄帝、姜太公者并称，可见《老子旨归》同样极言黄老无为之术。

其二，受汉代宇宙论影响，多从天人关系方面加以解读，援引易学甚或谶纬观念为之解说。这一点也是承袭上一点而来的。汉代黄老学除掺杂了刑名思想外，"可称为方技之士的大合奏"（徐复观《两汉思想史》），术数、方技都被糅合进入道家思想之中。其中，术数、方技的基本观念来源易数观等尤其被用以解读《老子》。如严遵《老子指归》分《老子》为七十二章，《上经》四十章，《下经》三十二章，为了"通乎天地之数"，即使用《周易》天地之数设计《老子》的章数。严遵精于易学，本人以卜筮为生。其他如马融则兼通诸经，对《老子》《易经》都有注解；范升"习《梁丘易》《老子》，教授后生"，他们都极有可能以《易经》和《老子》相互训解。这种注解路向实开易老会通的先河，与汉代的天人感应论、谶纬之学是相互呼应的。天人感应论与谶纬之学的理论基础与经典依据无疑都是《易经》，尤其是由其天地之数而来的河图、洛书。《淮南子·道应训》中，子韦论荧惑星移、景公论地动两则都是在用《老子》反释天人感应。《后汉书》中，郎𫖮、李固以灾异言《老子》，翟酺以谶纬言《老子》。

其三，获取养生的理论指导与实践，是汉代理解老子本人及《老子》的重要维度，包括希冀成仙。如安丘望之那样，人们并不仅仅是接受《老子》明哲保身的理念做一名隐君子，更重要的是汲取其中"少私寡欲""见素抱朴""抱一无离，专气至柔"等实际的养生原理和实践。《史记·老子韩非列传》反映出西汉中期就有了老子通过修道而达至长寿的说法。两汉之际,神仙家的老子形象已经完全占据了世人的头脑。《论衡·道虚》说:"世或以老子之道为可以度世,恬淡无欲,养精爱气。"汉代人显然已经用《老子》指导具体的养生实践了。这从马王堆汉墓同时出土的《五十二病方》《却谷食气》等可以看得很明白。而且,汉代未有仅谈世间养生而不求长生者,马王堆医书之《天下至道谈》《神农本草经》都有长生不死的说法。这是汉代神仙家的基本理论,也是道教的基本理论,当然也是道教注解《老子》的基本取向。这种取向在汉代已然形成,如《老子河上公章句》和《老子想尔注》。尤其是《老子想尔注》将通行本第十六章、二十五章的"王"字都改为"生"字,

《老子想尔注》(局部)

直接将道阐释为长生不死。

晋老学

晋《老子》乃是概言，是指魏晋南北朝即六朝的《老子》注疏。六朝老子注释可以被放置在一起理解，其原因是这一时期《老子》注疏拥有一条明显的主线，即属于魏晋玄学的一部分。

魏晋玄学发端于西晋正始年间，以援道入儒、以道解儒为方式，实现了儒道合流。玄学家以《老子》《庄子》《周易》为"三玄"，注重从《老子》的"无"之概念出发阐发本体论，用《老子》无为思想以矫正时弊，研究有无、性情、动静等范畴，探究言意之辨、名教与自然的关系。（详参本章所附小知识"魏晋玄学"）

"三玄"中，《老子》和《易经》的影响较大（玄学的名称来自《老子》首章），《庄子》次之。所以，魏晋时期，易老会通更加圆融。汉代的易老会通还处在概念比附的起步阶段，至三国时期，虞翻已经使用《老子》和《易经》互训，至西晋王弼则建立起一套系统成熟的理论体系来。通过"言意之辨"，王弼把《易经·系辞》所言的"书不尽言，言不尽意"和《庄子·外物》"筌蹄之言"发展为"得意忘言"的方法论原则，并运用到对《老子》的注解中去，使用体用、本末等基本范畴加以解说。这一方法成为玄学的首要原则。

魏晋玄学注疏《老子》旨在辨名析理，借用《老子》基本概念表达对宇宙和人生的思考，借以在概念分析中远离现实世界，实现精神的解脱。玄学的影响远及南北朝，只是南北朝袭用魏晋成说，少有思想上的创见，不被思想家重视，未被纳入讨论范围。南齐时期，玄学持续发展，甚至走到了它的对立面。《南齐书》卷三十三，王僧虔说：

"见诸玄,志为之逸,肠为之抽,专一书,转诵数十家注,自少至老,手不释卷,尚未敢轻言。"玄学旨在破除章句学问的烦琐,至此竟完全重蹈覆辙。《梁书》记载梁武帝时期"人士竞谈玄理"。玄学在南朝的持续发酵,其中重要的一个表现即是以帝王为代表的士族竞相解说《老子》。宋明帝"颇好言理",因为周颙善解《老子》《易经》,将之"引入殿内,亲近宿直",而周颙与张融"辄以玄言相滞,弥日不解"(《南齐书》卷四十一)。梁武帝造《老子讲疏》。梁简文帝"频于玄圃自讲《老》《庄》二书"(《梁书》卷三十七),作《老子义》。大同六年,朱异于仪贤堂奉讲此书,"朝士及道俗听者千余人"(《梁书》卷三十八)。

《隋书·经籍志》所载三国至南陈注疏《老子》者有四十二家,据《老子考》,这一时期《老子》注疏则约略有八十家,严灵峰《周秦汉魏诸子知见书目》统计数字更多。其中著名玄学家的注疏有:王弼《老子注》二卷、《老子略论》一卷、《老子指例略》二卷,何晏《老子道德论》二卷,钟会《老子道德经注》二卷、《道论》二十篇,羊祜《老子道德经解释》二卷,阮籍《通老论》,阮咸《老子注》,孙登《老子注》二卷、《老子音》一卷,郭象《老子注》,王玄载《老子道德经注》二卷,等等;帝王所注有:梁武帝《老子讲疏》六卷、《道德经注》四卷,梁简文帝《老子义》二十卷、《老子私记》十卷,梁元帝《老子讲疏》四卷,周文帝《老子注》二卷、《老子义疏》四卷,南北朝士族大臣所著更多。《老子》注释蜂拥而出,实为风尚所致,为了竞标风流,或标识一种士所为聚的知识领导人身份,或扮演一种不务俗事的清谈家形象,但绝少创见,故至唐初便多所亡佚了。

在这些玄学著作中,道教教内注疏开始凸显出来。六朝是道教重要的历史发展时期,对道教而言,玄学的讨论使得道教完成了经教化。

敦煌残卷 S0075 第一纸《老子序诀》（部分）

东晋时期，简文帝未登基时，王羲之、简文帝周围聚集了诸如孙绰、殷浩、支道林等一批谈玄家，杨羲、许谧也活动在这个圈子内参与谈玄，《真诰》收录了他们众多的玄言诗。葛洪则传习祖父葛玄的学术，"博闻深洽，江左绝伦。著述篇章富于班马，又精辩玄赜，析理入微"（《晋书》卷四十二），直接就是一个玄学家的形象。在南朝，顾欢"著《三名论》……又注王弼《易》二系，学者传之"，以谈玄著称（《南齐书》卷五十四）。陶弘景也曾在齐高帝时被"引为诸王侍读"，《南齐书》卷五十六有托名陶弘景的诗歌预言玄风再盛终将导致侯景之乱的记载。他们都是著名的玄学家，杨羲、许谧直接创立了道教上清派，葛洪下启灵宝派，顾欢、陶弘景则是道教教义理论系统化的重要代表人物。杨羲手书《张镇南古本道德经》，葛玄作《老子序次》一卷、《老子节解》二卷，其弟子郑隐作《老子注》，顾欢有《老子义纲》一卷、《老子道德经疏》四卷，陶弘景有《老子注》四卷、《老子内外集注并自立意》四卷。这些著名道士正是通过对《老子》的注疏发展了道教教义（如葛洪传承葛玄的理念，着力阐发了"玄"这一概念，大大丰富了这一概念的道教内涵），并使之系统化。天师道从五斗米道起，即有诵习《道德经》的教规，本派道士和信众也多有注疏者，如范长生（蜀才）有《老子道德经注》二卷，祖冲之有《老子义释》。

见诸著录的道教六朝时期的《老子注》还有：尹先生《老子道德经内节解》二卷、陆修静《老子道德经杂说》一卷、孟安排《老子注》二卷、孟智周《老子义疏》五卷、《道德玄义》三十三卷、宝略《老子注》四卷、臧玄静《老子疏》四卷、诸糅《老子玄览》六卷、韦处玄（韦录）《老子义疏》四卷。这些注释是道教教义体系化的重要途径之一。它虽总体上从属于玄学思潮（有些注疏如敦煌 S.1438 抄本直接引用玄学著作），但与纯粹哲学形态的玄学义有不同，即：玄学在主旨追求上以"扫象"为依归，道教则继续采用这些素材进行理论建构。玄学与汉代学术的主要不同在于，汉代重视宇宙论，而且这种理论"不免本天人感应之义，由物象之盛衰，明人事之隆污。稽察自然之理，符之于政事法度。其所游心，未超乎象数"（汤用彤《魏晋玄学论稿》），偏重天地运行的物理，热衷于阴阳五行的繁杂分析，玄学各派或直接舍去了这一切，直接探究事物的本体，或虽然讲求元气论（如阮籍、嵇康、张湛等人），谈宇宙物理，但旨在追求一种玄远虚盛的超脱境界。而对于道教而言，长生成仙是基本主旨，阴阳五行是基本理论框架。玄学所不屑的那些素材不单未被道教抛弃，反而被集大成似的加以体系化。这一点在《上清经》《灵宝经》的组织架构中表现得最明显，在《老子》注疏中也有反应。似乎《老子想尔注》为道教注释标定了基本路向，从传世文本来看，这一时期道教内部的《老子》注解多集中在内炼这一主旨上，虽然不再像汉代那样运用阴阳五行进行具体的论说，但却提供了一种教理依据（详参《南齐书》顾欢所上表文）。"五千文包罗备周，众经祖宗"是道经的基本认同。

  同样属于玄学的一部分，六朝时期开始有不少僧人对《老子》进行注疏。东晋南北朝同样是佛教发展的重要阶段，这时的佛教经过早期的"格义"已经开始阐扬佛经义理，不过为了更有效地取得世家大族的支持，多借助玄学清谈以广传播。《梁书》卷五十一记载，庾承先对于道教、佛教的经典都很熟悉，开讲《老子》时，"远近名僧，咸来赴集，论难锋起，异端竞至"。这些僧人的争论即是所谓"六家七宗"的辩论。当时僧人的注疏主要有佛图澄《老子注》二卷、鸠摩罗什《老子注》二卷、僧义盈《老子注》二卷、僧肇《老子注》四卷、释慧观《老子义疏》一卷、释惠琳《老子道德经注》二卷、释慧严《老子注》二卷。大乘空宗的般若思想在这类著述中有明显的体现。

  以上所述仍只是六朝《老子》注疏的大致情况，其他隐逸之士的著述也占很大一部分。总之，上至皇家亲贵、士族名士、一代儒宗，下至道士、僧人、隐士，朝野内外都有注述，范围之广，也构成一大时代特色。

小知识◎魏晋玄学

魏晋玄学一反两汉经学烦琐、庞杂的论述体系，以老庄哲学为基本理论骨架，从抽象概念探讨世界的本质。魏晋玄学的产生及发展，汤用彤先生《魏晋玄学论稿》对此有翔实的梳理。大致来说，它由东汉人物品评中的才性之辨和民间清议发展而来，肇始于"荆州章句后定"。人物品评和清议力求循名责实，使得"名学"（逻辑学）再度兴起。而两汉经学发展到最后"说五字之文，至于二三万言"，即对五个字的训释可以达到二三万字，烦琐之极可想而知。荆州刘表聚结的王粲、宋衷等人共治《太玄》，重订五经，开始反驳浮华、琐碎的章句。这些人也多与清议有关。这些影响到与荆州有家世关系的曹魏王弼。王弼认为儒道两家所论都主张"玄虚"，可以归并。王弼首开以有无、体用等范畴解释"道"的概念及其表象。王弼与何晏、夏侯玄是玄学第一阶段的代表人物，这一时期被称为"正始之音"。伴随人物品评和清议的是名教与自然关系的论争，这同样是正始玄学的主题之一，不过王弼同样调和了二者。

不过，同时期以竹林七贤为代表的"清谈派"提出"越名教而任自然"的命题，追求精神自由，主张放浪形骸。清谈派的影响至元康年间达到顶峰，王澄、胡毋辅之等人"效犨狂生"，竟至裸体。这时已经过司马氏专政的政治事件，随之而来的八王之乱造成社会极度动荡不安，郭象在向秀之后逆狂放潮流讲论"崇有"之学，提出"独化论"，将个体精神的自由和社会秩序结合起来,进而提出"名教即自然"的命题,再次寻求个体价值与人类共同价值的统一。

　　元康放诞风气自永嘉南渡后渐衰,东晋士人从崇尚自然任心而纵欲,转向既崇尚自然,又讲究自然而有节。这时,佛教大乘空宗的思想乘势流传开来,僧人为了获得佛教的较大发展空间,也纷纷以玄学解释佛典或以佛典谈论玄学,从而形成了"佛玄"。佛玄的谈论仍不离"有无"这对范畴。

"竹林七贤"画像砖

唐老学

由六朝经隋，中国历史进入唐代。六朝是道教经教化的历史时期，经过三洞经书体系、法箓传授阶次等的建立，道教教义形成了大致完备的理论系统。同时，在对玄学的参与过程中，包括与佛教诸家的论辩，道教教义的理论水平也得以大幅度提升，这也为隋唐道教义理（哲学）的繁荣奠定了坚实的基础。隋唐道教义理是对六朝道教的继承和升华，《老子》注释也体现了对六朝注疏的继承和发展，是理解唐《老子》的基本思路。

隋唐时期，据杜光庭《道德真经广圣义序》著录，注家共30家，其中道士24家；严灵峰《周秦汉魏诸子知见书目》则著录近百家，道士仍近60家。可见，隋唐主要是以道教内部注释为主。这也反映出隋唐道士的理论水平极高，在哲学创建上已然超越了儒家。这些道教内部的《道德经》注疏也构成了整个隋唐时期的特征，即"皆明重玄之道"（杜光庭《道德真经广圣义序》）。

重玄学是唐代道教理论的主流，也是唐代思想乃至中国思想史上的重要内容。重玄学讨论的主要话题是道体论、道性论（心性论）、修养论等。其所讨论的具体内容和结论具有独创性，但所发的议论却是六朝玄学话题的延续。修养成仙乃是道教一贯的主旨；道体论则是本体论的一种，在玄学中先后呈现为贵无论、崇有论以及佛教六家七宗诸说；道性论是人性论或心性论的一种，在玄学中先后有王弼的"圣人论"、自然与名教关系的各种解说、佛教的佛性论（包括一阐提成佛论等）。重玄学承接这些话题之所以能得出不同的结论，是由于方法的不同，从而发展出了不同的理论成果。

李荣《道德真经注》说:"魏晋英儒,滞玄通于有无之际;齐梁道士违惩劝于非迹之域。雷同者望之而雾委,唯事谈空;迷方者仰之以云蒸,确乎执有。"意思是说,六朝玄学解老要么偏于空虚,仅以虚无、无为为解释的基本理路;要么落于实有,以某种名相或表征作为把握道教义理的标准。在重玄学看来,这两种倾向都有失偏颇,正确的理解方法应该是重玄之道。"所言玄者,深远之名,亦是不滞之义。言至深至远,不滞不著,既不滞有,又不滞无。岂唯不滞于滞,亦乃不滞于不滞,百非四句,都无所滞,乃曰重玄。"(成玄英《老子道德经开题序诀》)重玄学视之前的注疏路向为"滞",即偏执,倡导不偏执于有、无任何一方;进而亦不能停留在"不滞"这个层面上,还要舍去"滞"与"不滞"的观念区分。此即重玄学的方法论"有无双遣",这种方法论部分是在六朝明确下来的。

东晋以后,受郭象的影响,玄学已建立起有无玄通的理论,其中包含是非兼忘、内外双遣等内容;另一方面,佛玄兴起,其所依托的正是大乘空宗般若思想。受郭象"内圣外王"观念的影响,东晋名士孙盛曾作《老聃非大贤论》《老子疑问反讯》两篇文章,在"圣人"境界问题上对当时玄学的崇有、贵无两种情形提出质疑,明确指责两家"不达圆化之道,各矜其一方";评判老子为中贤之人,位在第三品。"内圣外王"语出《庄子·天下》,郭象以之为据重新阐发了庄子的"逍遥"论。继之,六家七宗中即色宗的代表人物支道林以解释《庄子》逍遥之义最为闻名,"皆是诸名贤寻味之所不得",为后来诸家所宗:"物物而不物于物,则遥然不我得,玄感不为,不疾而速,则逍然靡不适。"他用有无的相互否定论证《庄子》的"无待"说,以般若学打开了孙盛所指责的玄学有无困境,并进而切入"重玄"之旨:"无物于物,故能齐于物;无智于智,故能运于智。是故,夷三脱于重玄,齐万物于空同。"支道林成功沟通了《庄子》《老子》与般若空观。"晋人以庄为老"（魏源），东晋开始，援庄入老成为理解《老子》的新动向，尚书郎孙登（不是苏门山的隐士孙登，两人相距近百年）就是在这种思想背景下把重玄理趣全面运用到对《老子》的注解中（详见卢国龙《中国重玄学》）。

但正如蒙文通所指出的，在《老子》注解方面，"重玄之妙，虽肇乎孙登，而三翻之式，实始乎罗什"。就是说，以重玄旨趣理解《老子》始于孙登，但具体的论述、标准的逻辑应该从鸠摩罗什开始。鸠摩罗什是东晋末年的大乘佛教高僧，他与其后学僧肇是真正弘扬般若学的高僧。鸠摩罗什曾有《老子注》二卷，其中说："恶者非也，善者是也，既损其非，又损其是，故曰损之又损。是非俱忘，情欲既断，道与德合，至于无为。"这是对《老子》三十八章的注解，其中使用的推理方式即所谓"三翻之式"，亦涉及前文所述的"百非四句"。

僧肇的"不真空义"也是在有无之间、动静之际、真俗之中解释般若空观的解脱。但是，不论是鸠摩罗什注《老子》，还是僧肇在即伪即真、即体即用之间解"空"，实际上还是在"离二边"上阐释，是"三翻"而非"四句"。隋代时，在吉藏遍注龙树《中论》《十二门论》与提婆《百论》的基础上，"四句百非"才得以明确出来，三论宗才得以建立。六家七宗不是三论宗，相应地，重玄的旨趣在六朝已经出现，但重玄学还是要以隋唐为依托。也是在这个意义上，杜光庭《道德真经广圣义》说，在诸家《道德经》注疏中，孙登、陶弘景、顾欢"明理身之道"，鸠摩罗什及宗鸠摩罗什的梁武帝与"梁道士窦略皆明事理因果之道；梁朝道士孟智周、臧玄静，陈朝道士诸糅，隋朝道士刘进喜，唐朝道士成玄英、蔡子晃、黄玄赜、李荣、车玄弼、张惠超、黎元兴皆明重玄之道"。

隋唐，道士中以重玄学注解《道德经》的主要有：刘进喜《老子通绪论》一卷、《道德经疏》六卷，蔡子晃《老子注》，成玄英《道德经开题序诀义疏》七卷、《老子注》二卷，张惠超《老子志玄疏》四卷，李荣《道德真经注》四卷，黄玄赜《老子注》，车惠弼（车玄弼）《老子疏》起卷，王玄辩《老子河上公释义》十卷，黎元兴《老子注义》四卷，吴筠《老子玄纲论》，薛季昌《老子金绳》十卷、《老子事数》一卷，李含光《老子学记》《老子义略》，赵志坚《道德经疏义》六卷，尹愔《老子新义》十五卷，杜光庭《道德真经广圣义》五十卷，强思

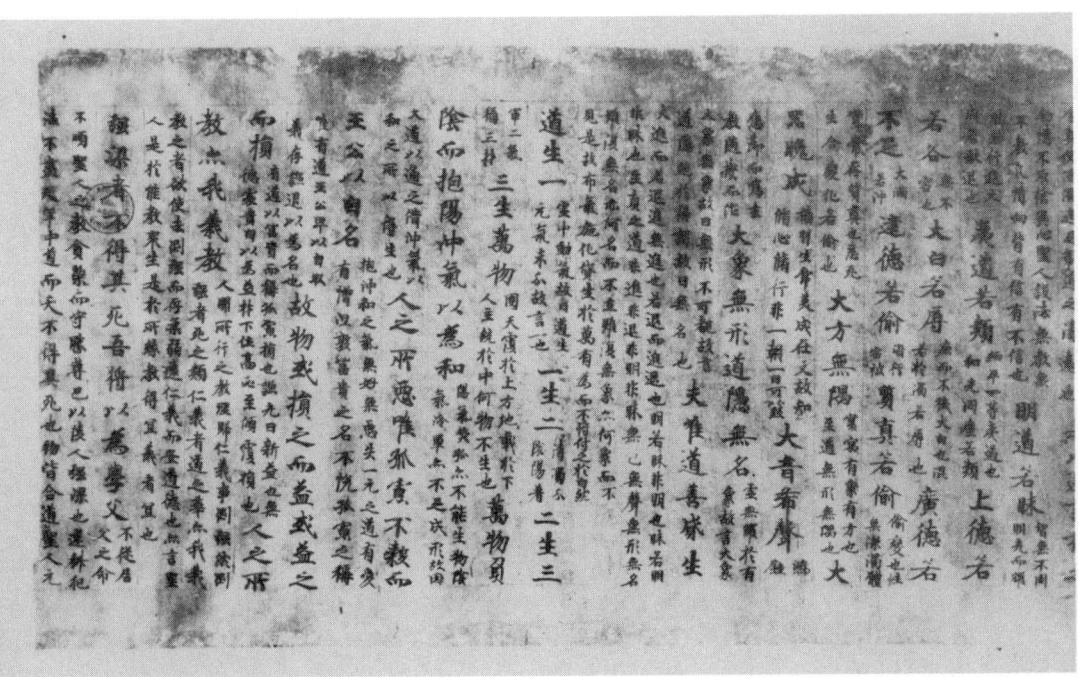

李荣注残卷部分

齐《道德真经玄德纂疏》二十卷；等等。张君相《三十八家老子注》八卷，则集中了诸糅、刘进喜、成玄英、蔡子晃、车玄弼等人的注疏。

隋唐时期，以重玄学注解《老子》较著名的不能不提唐玄宗。延续六朝风气，隋唐帝王仍重视道教，重视《道德经》。隋文帝到亳州亲祀老子，在两京及各州大建老子庙，于楼观台刻《道德经》，并令道士入京讲解。"大业中，道士以术进者甚众。其所以讲经，由以《老子》为本。"诸糅即是其中一位（《高僧传·隋京师大兴善寺释僧粲》）。唐代帝室自认为与老子同宗，尊为圣祖。唐高祖曾让刘进喜讲《老子》，唐高宗、唐玄宗围绕"太上玄元皇帝"不断追加老子的圣号，武则天、唐玄宗还设立"道举"，"置崇玄学，习《老子》"等道家经典，考试、选拔的程序与一般科举相同。开元七年（719），唐玄宗亲自注解《老子道德经》杀青，"诏天下家藏其书"（《新唐书》）。天宝十四年（755），唐玄宗"颁《御注老子》并《义疏》于天下"（《旧唐书》）。由于历史原因，《道德经》在唐代基本上有王弼本和河上公本两大系统，河上公本又有北方传本与南方传本之别，相互之间文字常有出入。刘知幾认为河上公本系伪作，开元初年，曾提出废除河上公注而保留王弼本。可知，这时传本的差异已经对人们阅读《老子》经典造成了困扰。感于"精义颇乖"的现状，出于玄旨将坠的忧虑，唐玄宗纂著了御注本。也正因如此，此御注本开诸本合勘之风气，甄别不同版本而后确定文字。其中既有对文本增加的内容，如"而贵食母"作"儿贵求食于母"，也有根据自己的理解擅改的。唐玄宗先有《道德经注》二卷，后有《道德经疏》八卷。

玄宗御注疏并非唐玄宗一人所为，司马承祯、李含光、王希夷、尹愔等道士和儒臣是其助成之人。他们的学术源流都与重玄学有关，所以此御注本基本的思想仍是重玄学，讲"法性清静是谓重玄"，但唐玄宗为之圈定的《道德经》主旨却是"其要在乎理身理国，理国则绝矜尚华薄，以无为不言为教"。唐玄宗主要希望以《老子》清静无为的政治学说达到教化天下、垂拱而治的目的（这也是唐代帝王理解《老子》的一贯思想，唐太宗更是这方面的代表），将《道德经》等道家诸子学说纳入政教世务，使道教重玄义理由盛转衰。盛唐以后，注释《老子》者渐趋无闻。仅有杜光庭、强思齐等做守成式总结而已。而且，由于唐玄宗以行政命令推行，此御注本沿习很长时间，并大有替代河上公本的趋势，而且"虽以河上、王弼二家，校者亦颇改就御注"（严可均《铁桥金石跋》），连王弼本、河上公本的文字后来都受其影响而被动了手脚。

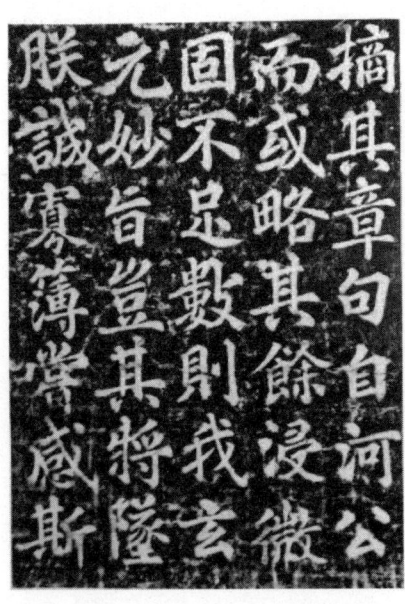

唐玄宗颁布御注敕文拓本（局部）

张果见明皇图

此外,与六朝相比,隋唐僧人注释《道德经》的很少见,仅《宋史·艺文志》著录僧文傥《道德经义疏》十卷。原因在于,这时的佛教已经告别早期的格义阶段,全面进入阐发教义、开宗立派的新阶段,僧人们忙于自身经典的诠释和教理重构尚且不暇,自然不会再费力气去注解道经。儒臣的注解虽不至于如此寥落,但也不多见。可见隋唐儒家思想发展缓慢,传世者也是在重玄学的范围之内。不过,由于老子在唐代的圣祖地位,道家思想影响很大,因此儒臣奏章中引《老子》者则并不鲜见。

小知识◎四句百非

四句百非,又称百非四句,是大乘佛教中观学派对事物

性质的一种认知理论。破除逻辑是大乘佛教把握事物的一种基本方法论,如著名的八不缘起说认为"不生亦不灭,不常亦不断,不一亦不异,不来亦不出(去)",即从否定去排除对事物的某种把握,借以达至认识事物的真相。但仅仅是破而不立,尚不能显示实相,还需要在此基础上进一步显露中道。于是,为了不住于破除而得实相,《中论·观涅槃品》说:"非有,非无,非有无,非非有非非无。"即生、灭、长、断等可概括为有、无,仅是否定地去认识事物还不够,还要通过对否定的否定构成肯定从而显露实相。"非有无"是"非亦有亦无"的省略,即非有或非无,进而再对此命题进行否定,得出非非有且非非无,即"非非有非非无",也就是亦有亦无(按照形式逻辑复合命题的否定进行推算)。这样就形成了大乘佛教四句例的推理方法:

第一句	第二句	第三句	第四句
正	反	合（兼）	离
有	无	亦有亦无	非有非无
肯定（表）	否定（遮）	肯定又否定	超越肯定和否定

但是，正反合离四句例并不构成对事物的真实说明，还需要破除，于是有"非非有非非无"。非，就是否定，"百非"就是多种否定和多重否定。大乘佛教认为，契入真理需要"超四句""绝百非"。

宋元老学

进入宋代，经历了五代十国之乱，人心思定，要求与民休息的政治环境再次出现，承接唐代思想余绪，模拟汉代黄老政治，宋代统治者"参用《老子》家法，故当时君臣于此书颇尽心焉"（彭耜《道德真经集注序》）。故而，宋代兴起了注释《老子》的高潮。金元两代，全真教创立并兴起，对《老子》尤加重视。元代由于对待士人的态度不佳，但持宗教宽容政策，一度形成"儒冷道热"的局面，一些士人借注解《老子》来保存儒学；而后来上演的焚毁《道藏》闹剧，致使《道德经》在道教内部的受关注度明显高于其他经典。根据历代著录，概言之，宋代解老者有130余家（《老子宋注丛残序》），保存到现在的有25家；金元有30余家（《老子考》），保存下来的有13家。

宋元的社会环境并不一样，士人的地位在宋代极高而在元代极低，道教在宋代一直被看重而在元代兼容的政策中又有被抑制的一面。但是宋代的老学思想基本被元代继承，呈现出一致的时代特征。

首先，宋代注释《老子》受到重玄学的影响。蒙文通《校理老子成玄英疏序录》说：

> 其若学本于唐而训释《老子》者，若刘海蟾一系，次张伯端，次石泰，次薛道光，次陈楠，次白玉蟾，作《道德宝章》，授彭耜，作《道德经集注》，此亦渊源甚久，师承有自者也。至若陈抟有弟子张无梦，号鸿蒙子，次有陈景元，号碧虚子，作《道德经藏室纂微》，以著其师说。次有薛致玄，作《藏室纂微开题科文疏》五卷，及《手钞》二卷，祖述陈氏。此皆唐代道家余绪而显于宋者。

此说完整、清晰地描述了宋代《老子》注疏中重玄学的脉络：共有两个传承系列，一系由刘海蟾而至内丹南宗五祖，其中白玉蟾著有《道德宝章》，止于彭耜作集注；另一系，受杜光庭思想的影响，陈抟持重玄之论，传至张无梦，再至陈景元，南宋理宗时则有薛致玄祖述二陈。两个系统的传人之间又多有交往（《历世真仙体道通鉴》卷四十九），其中尤以陈景元最有令誉，他在宋代老学中的地位犹如成玄英、李荣在唐代一样，多为时人重视。

陈景元《道德真经藏室纂微开题》说："此经以重渊为宗，自然为体，道德为用，其要在乎治身、治国。"此说显然上承重玄学唐玄宗所定的路向，但理解视域明显宽广，熔铸重玄学道性论、道体论、修养论为一体。可以说，重玄学在宋代老学著作中已炉火纯青，在某种意义上似已沉淀为时代的文化背景，这些理念已成为宋元老学进行撰著时的底色。进而，宋元时期的重玄学已然成为内丹学的一部分，或是其论述方法和解说内容，而不再是独立的一种学说。以《道德经》相同章节的注释来说，唐代重玄学明显要在"三翻之式"上下功夫，而宋元的注疏则直言结论，不再于逻辑句法上进行展示。

要言之，重玄学带给宋元的是明体达用的基本理路，提供了性命之学的丰富素材，带来了与禅学结合的境界理念。这一切内嵌在唐宋之际中国文化的内在转向之中，构成宋元《道德经》注疏的显著时代特征。

"明体达用"所言"体"与"用"首先是指由"道"而来的道性与由其而来的道德心。所谓"仁义礼智，皆道之用"，这里"道"作为万事万物（"一切含气"）的先天禀赋和成立基础是"体"；万事万物在自身的生成及与其他事物的关联中所呈现的具体样态，譬如人在面临世俗世界时所生发的道德之心是"用"。进而"道"的内在规定性如"自然""无为"等，是常道之体；相对应的，"道"在各种领域的具体呈现如处世之道、治身之道、治事之道，则是"可道"，是"德"（得），它们是"用"。这样，"明体达用"就调和了儒道两家的学问。

在儒道会通的过程中，重玄学提供了一个重要的概念："理"。"理"作为本体概念，首先出现在《庄子》中。《韩非子·解老》则以"万物各异理，而道尽稽万物之理"一语最早在体用关系中阐发了"道"与"理"的关系；王弼等玄学家继续以"理"解释"道"的属性。而《淮南子》中，"理"成为最高的终极范畴，唐代成玄英、李荣等重玄家则将"道"明确为"虚极之理"，"理"因之而有各种规定性，并得以在终极意义上成为"道"的同义语。另外，宋代的"格致之学"甚为发达，探求自然事物道理的学问也达到中国历史的顶峰。这样，理学家以"理"为本体建立起系统庞杂的理学体系，理学家以"理"

为宇宙的本体，把"理"阐释为事物、伦理等宇宙现象的统一根据。这一现象直接影响了宋元《老子》注释的另一个特点，即以"理"解"老"。北宋时期，如王安石学派等仍然沿用韩非、王弼的方法以"自然之物理"解释《老子》之道；进入南宋以后，理学方法进一步反哺到道教内部，如董思靖、范应元等注《老子》开始具有理学的特点；元代，程朱理学经历了南宋的起伏后成为科举的标准，以"理"解"老"的著作明显较南宋增多，并诞生了吴澄《道德真经注》这样以"道理合一"为主题的理学家注疏。

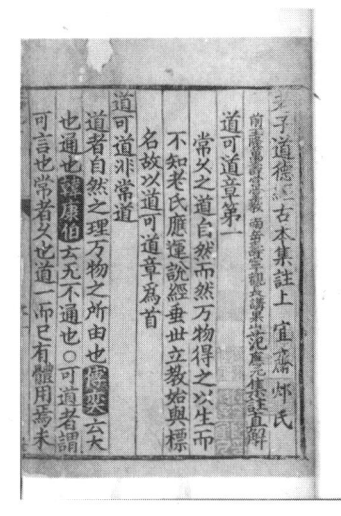

范应元《道德经古本集注》宋刻本

老学与理学的这种互通关系，还体现在"明体达用"的第二个层面上。"体"与"用"还可以具体指称万事万物所具有的道体与获得或发现这种道体的具体途径及方法。宋元虽延续了重玄学的概念与术语，但已不再致力于两边双遣的玄思，而是转移到具体修持方法的论证上来。这种论证的展开即是性命之学。

唐代重玄学的内容之一就是心性论。受空宗思维方式的影响，重玄学在唐代发展的整体趋势是由本体论哲学走向心性论修养。重玄学认为修道者如果能做到心与道合，复归真性，就可长生久视，将修炼的重点引领到心性上。但完全的空宗式推理，会造成对"道"理解的困难，即多重否定之后若无依归，反朴归真将只能归于空无，即所谓"无本为本"，如此一来，汉代黄老学及六朝道教阐发出的宇宙生成论便无法成立，形神关系也无法成立。正如蒙文通所说："唐以来道家名德，皆不言白日飞升，明长生之非形躯，其义岂无由也？"（蒙文通《校理老子成玄英疏序录》）但是，道教的立论基础是形神相需、形神一致，舍去对身体的炼化就偏离了道教的主旨。所以，在唐代重玄学中，诸家仍力图调和心性论与本体论和本原论，具体表现之一就是对传统气论的继承与发挥。根据《道德经》对"气"的论述，成玄英在疏文中认为宇宙事物发生的顺序是"道—元气—阴阳—天地万物"，气的活动以"理"为逻辑基础，并对"导引神气"这些"延年之道，驻形之术"有所论说。盛唐之后，司马承祯、吴筠等道士更明确地论述了重玄思辨与内炼实践的结合。至晚唐，杜光庭以道气论集重玄学之大成。置言之，隋唐诸家并不废气论，且运用"三一为归"的致思方式，努力会通精、气、神诸范畴。但重玄学之"三一论"对于所论述的诸组范畴（希、夷、微，精、气、神，等等）未做层级区分，换言之，由《道德经》"反""复"之说奠定的内炼模式，从来在道家道教内部都有一贯的认知，在六朝道经中如此（详见笔者博士论文《六朝道教上清派存思道法研究》），在隋唐文献中亦如此，从"道"与"气"的本迹关系（从本降迹）出发，沿着逆反的路向，自然会蕴涵着由练气修身进而虚心合道的修仙方向（摄迹归本），只是这层逻辑此时未被明确、系统地进行论述而已。随着杜光庭提出"抱一复元……形与道合，反于无形"（《道德真经广圣义》卷三十二），随着谭峭《化书》的问世，以钟吕丹法和陈抟内丹道为创立标志的内丹学最终把性命之道的修习阶次、完满境界进行了系统阐发。这一切都是通过这一时期对《道德经》义理的阐扬与发挥实现的。

从《道德经》文本出发阐发内丹学的义理，或曰以内丹学解老，是宋元道教注释《道德经》的主体特征。重玄学的调复性命之说与李翱等儒家复性说相互发明，道教修养论从儒学摄取了"存心养性"的学问，成为内丹性命学的最主要内容；而宋元儒学中，不论荆公新学还是程朱理学，抑或苏门"蜀学"，都是本体论和心性论的统一（性即理，心即理），它们都不断汲取《道德经》中蕴藏的性命学问，王安石、吕惠卿、邵雍、司马光、苏辙等或直接肯定《道德经》的价值，或直接加以注疏，使宋元出现了大量注释《道德经》的儒家作品。

可以说，不论是道教还是儒家，他们以性命学问理解《道德经》的思路大致是相同的，只是彼此主张的具体实践方法不同。沟通这些不同修习方法的方法论原则是"穷理尽性"。宋儒大多认为《道德经》是对事物之理的描述，理学在"格物致知"的认知主张下力主融合易老关系；道教则同时在宇宙发生论与内丹实践模式两方面进行易老会通。如邵雍《皇极经世书》把《周易》"太极—两仪—四象—八卦"的"易之体"与《道德经》"道生一，一生二，二生三，三生万物"的说法统一起来，其用来论说宇宙本体和万物化生的八卦体系是先天八卦。邵雍的观点源自陈抟。贾得升述陈抟学问时说："先生为学与修养宗旨，系以先天为体，以后天为用；以无极为体，以太极为用；以《大易》为体，以《老》《庄》为用。"（《道海玄微》卷五引）陈景元完整继承了陈抟宗旨，认为《道德经》以"自然为体，道德为用"。也就是说，无为自然之"道"与虚通感应的"易之体"是相同的，是为"体"；人们所言说的"道"的各种规定性及其展开，诸如占验之道、治身之道、治国之道，则只是其"用"而已。

这种理解几乎成为宋元诸家解老的共识，彭耜《道德真经集注杂说》与刘惟永《道德真经集义》广泛搜集了苏轼、晁说之、林东、薛庸斋、石潭、范应元、王安石等人的相关论说，程大昌《易老通言》、邓锜《道德真经三解》和吴澄《道德真经注》更是宋元易老会通的典范，他们在具体概念上对《易经》和《老子》有过细致的互证。易老会通构成宋元老学的显著特点，而且，易学在宋元道教义理中已成为内丹学的理论资源之一（唐代陆希声《道德真经传》等已有论述，宋元以李道纯《道德会元》《中和集》最为代表），作为理学组成部分的易老会通在很大程度上同样是其养性说（主静、居敬等）的本体论载体（观周敦颐《太极图说》即可明了）。实际上，儒道互补是中国文化的一个恒久命题，儒道两家从来没有水火不容过，而是一直构成中国文化的内外两面。重玄学影响了理学的形成，理学反过来补充了老学。老学与理学的关系如此，老学与易学的关系亦如此。

性命之学构成宋元道教的主要内容，心性之学同样是宋代儒学复兴中最突出的一环，它们共同体现了时代文化的价值取向，无论儒家的安身立命之道还是道教的性命金丹大药都呈现出唐宋变革中中国文化日益内转的取向。这种内向转化或曰内在化取向自唐代后期开始，塑造了整个宋元时代的文化。不仅儒道两家如此，佛教亦如此。佛教内向思维首推禅宗"心即佛"的主张，它不仅影响了理学，更显著影响了陆王心学的产生与兴起，而道教也积极汲取这一理论，呈现出以禅解老的一面。

佛教经历了隋唐创宗立派的繁盛，取得了丰富的理论建树，成为与儒道两家鼎足的学问，对中国文化产生了多层次、多角度的影响。尤其是禅宗，作为佛教本土化的典范，其直指人心、见性成佛的思想与尽心知性的儒家理论暗合，也与老庄思想相契合，因为禅宗的成立本身即有受老庄思想诱发的成分，只不过禅宗以佛教的形式将其发扬光大。再加以六朝至隋唐佛教对中国文化施与的方方面面的影响，佛教尤其是禅宗的理论很自然地被儒道两家吸取。

儒家方面，苏辙《老子解》成为三教合一注老的典型。苏辙以复性论入说，认为万事皆虚妄，主张以中观、重玄的方法达到"无执"

的内心境界。叶梦得、赵秉文等人也是援佛入老的代表人物。道教方面，宋元《道德经》注疏中，一则存在着以禅学空观解老的取向，以陈抟一系，尤其以陈景元《道德真经藏室纂微篇》为代表；一则注重以修心解老，白玉蟾《道德宝章》明确提出"道即心，心即道"，如心为本体构造其性命学问，李道纯《道德会元》和邓锜《道德真经三解》都是继承其思想、禅风浓厚的解老著作。这两方面也是相互结合在一起的，南宋的邵若愚、赵实庵两家注老即明显呈现出这一特征。邵若愚《道德真经直解》直言其"言大道虚寂，理准佛乘之理"，以"心无欲"作为理解《道德经》的门径，并区分了"心"的各种意义（神、精、性、情、魂、魄、意），以重玄破执而无心境空为依归。

但这些所谓的佛教影响，其实早已进入道教的理论体系，成为道教理论的一部分。一则，自《太玄真一本际经》《太上升玄消灾护命妙经》等六朝道经融摄佛教空观以来，大乘空宗的某些论"空"倾向便与"虚空"之论结合在一起，成为道教思想的组成部分。经过重玄学，自性空、真性空等观念被一再加以明确，悟空明性的修持方法被发明出来。二则，自郭象《庄子注》、张湛《列子注》，到成玄英《庄子疏》等重玄学，借助庄学，"心"的内涵也一再被展开。宋元在此基础上结合禅宗新理论进行了深入推进，所以，在心性论或曰性命之学方面，自宋代，道教已是"不假外求"，而且呈现出自己的特色。

以白玉蟾为代表，道教多把"心"与"性"和"神"联系起来，从而把"修心"与内丹修炼的三个阶次尤其是最后一个阶次联系在一起。所以，道教谈"心"与禅学不同，"修心"并不以禅或空为最终依归，而是有精、气、神修炼的具体内容。同样，"空"在宋元道教里也多是对一种超脱空灵之精神境界的描述，各种空论更多地被理解为对各种执见的破除，超越空论之上的才是"重玄"，也就是说要在这种精神境界中有所得，即所谓"性存于空，命存于实"（刘惟永《道德真经集义》卷二）。这一点可以从佛教解老文献的特点得到反证，如元代僧人德异《老子解》把《道德经》完全理解为"性空幻有"的般若空观，体现了与道教援引佛理完全不同的理趣。

宋元内丹学把对精气的炼化与心性的修养结合在一起，并形成畅通的逻辑体系，即系统化，正是其对道教理论的最大贡献。

除思想观念方面有进一步的交汇，禅宗不立文字的传教方法，参话头、公案等的修行方法也被道教所借鉴，相对应，宋元《道德经》注释中也呈现出新的文体形式。如白玉蟾注释方法"就老氏本文稍为隐括，下一转语，大类禅旨"，李道纯在注中引入了参话头、机锋的方法，陈致虚《道德经转语》以八十一首七古转换《道德经》的"机锋"，其他如《玄教大公案》直接以禅宗术语"公案"命名，它与全真教诸多语录一起构成对《道德经》的另一种理解方式。

综上，从列举的代表著作可以看出，以理解老、以禅解老并不是截然分开，而是融合在一起的，沟通儒、释、道三家的正是心性论。这反映了唐宋之际尤其是入宋以后中国文化整体的内转取向，也是三教合一的基本指向。也就是说，宋元《道德经》注疏总的来说处于三教合一的大思潮之内。这种内在化的文化走向不仅使得宋元诸家热衷于关注人的内在世界，发掘人的精神价值，强调人的生命自觉，而且延伸为治学的一种方法——内省与反思。

在宋元老学中，这种精神和方法也大量出现，如陈景元对《道德经》分章说法的质疑，司马光对《道德经》分篇的质疑；有对历代注疏的质疑，如对孔老关系的再认识；也有对三教合一时代思潮的反思，如丁易东《老子解》、刘辰翁《道德经评点》等。集注的兴起也与这种反思精神有关，撰集者多以一条主旨去取舍诸家学说。

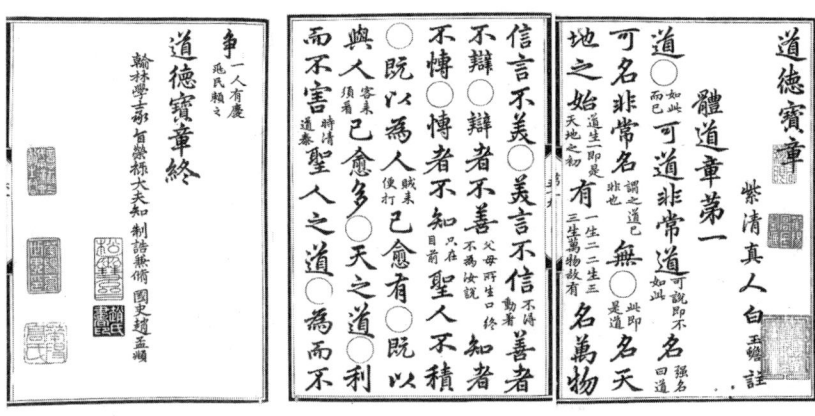

赵孟頫书白玉蟾《道德宝章》（首尾）

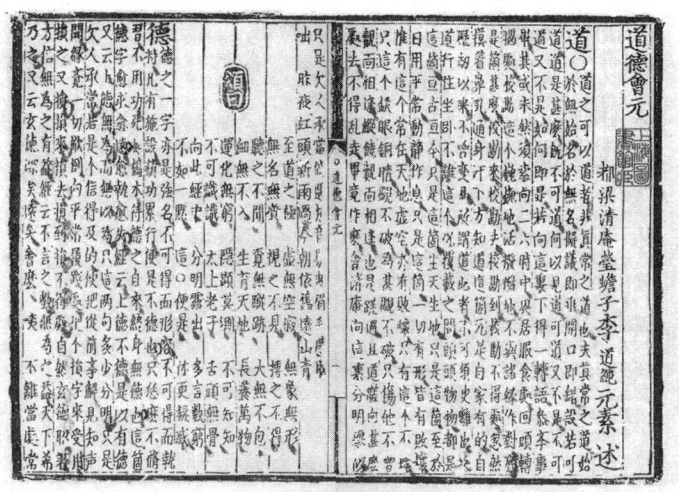

李道纯著《道德会元》元至元二十七年刻本

《道德经》的注本 | 63

总之，宋元老学不仅内容多样，而且注释人群多样（儒家最多，道家次之，但两家在数量上相去不大，另有少量佛教注疏），注释形式多样（除集注体、公案体外，还有诗颂体、图解体、评点体、论说体、手抄体等）。其中又以宋代数量为多，思想也有创见，元代则承宋之余绪，多为集注，以推阐宋学为主（如手抄体主要是对宋注的再解释）。陈寅恪说中国文化造极于宋，于此可见一端。

小知识◎性与命

性、命这一对概念，最早出自先秦文献。《易经·说卦》曰："穷理，尽性，以至于命。"《中庸》说："天命之谓性，率性之谓道。"这是儒家经典的早期论述。以后很长时期，性与情经常被联系在一起，或作为对立概念，或当作体用关系，相对应，"性"被用来指称人的道德本质或自然本质。总的来看，在儒家那里，"性"与"命"基本是同一层级的概念，所谓受之于天的本体、本质规定性即"天命"是为"性"。但是，孟子对天赋与人的属性进行了区分，认为口目耳鼻身的生理欲望固然是天然的，但只能称之为"命"，不能称之为"性"（性也，有命焉，君子不谓性也）；而仁义礼智圣等德性虽然是潜在的良知良能，可以通过扩充、培养而达到，也是应当达到的，所以应该称为"性"，不能称之为"命"（命也，有性焉，君子不谓命也）。至宋代，以张载关学为发端，儒家开始对"性"进行区分，主要的结论便是区分出"天命之性"和"气质之性"（一切生命个体的天然禀赋和表现是人由气化而得到的，所以称为"气质之性"），后来的理学家一直在争辩这一对范畴。这种认识在早期道家经典中也有相同的情形。《老子》说："静曰复命。"王弼注："复命则得性命之常。"成玄英注解说："命，真性惠命也。"所以，直至唐代，道教中"性"与"命"也经常是对等的概念，泛指从"道"而来的规定性。《庄子·天地》甚至说生物未获得形体之前而从天地分得的"德"是为"命"。性、命对举，都是人性论的基本概念。佛教传入后，佛性说传播开来。南北朝起，道教开始有道性说，唐代，道性说与修养成仙理论结合在一起。此外，道教自始便继承了道气论，在论述性命时多采用严遵《老子指归》的做法，把性命与"气"的精粗、上下联系起来。《太平经》已有气、精、神等范畴的转生关系，但仍然泛称性命，以炼气为其共同内容，如所云"内炁养其性，然后能返婴儿，复其命也"。唐代《入药镜》进而有"先天炁，后天气""是性命，非神气"的说法，开始对性命做先天、后天的区分，但联系到同时代的说法（如成玄英所说"所谓精，神炁也"，吴筠说"气者，神也"），可能还没有把性、命与神、气一一对应。钟吕内丹进而把传统的练气与明心见性结合在一起，晚唐《无能子》明确提出"性者神也，命者气也"。入宋，全真教无论北宗还是南宗多以"性"与"神"和"心"联系在一起，把"精""气"与"命"联系在一起，从而使得性、命分属内丹修炼的不同层面，从而有命功练气、性功炼心的形式上的区别。而"炼精化气，练气化神，炼神还虚"的内丹三段丹法的确立，又使得性功、命功分属于不同的内丹阶段。不过，以上所述乃是概念的明晰过程，而相关思想基因在元典中已然具备了。犹如孟子开启了儒学的性、命内涵，王卡先生说，道教的性命学问在《庄子》中都可以找到，《刻意》中说"吹呴呼吸，吐故纳新"是为命功，《在宥》广成子曰"至道之精，窈窈冥冥；至道之极，昏昏默默。无视无听，抱神以静，形将自正……目无所见，耳无所闻，心无所知，女神将守形，形乃长生"是为性功最好的表达。同样，《老子》中也蕴涵着后来性命学问所谈论的内容，性命学问是道家道教一以贯之的思考命题。

明清老学

明至清中期是中国逐渐走向封闭的时期，中国文化趋于保守，对《老子》的注疏也以总结集成为主。清末，中国社会被迫重新走向开放的道路（明末，明政府也曾一度开禁），中国遭遇千百年来未有之变局。在中西文化的激荡过程中，《老子》注疏也呈现出全新的视角与方向。所以，明清老学上承宋元，下启近现代。

明代老学著作各种著录几经增补，最近的统计数据是《中国老学史》考出的105种，存世70余种，多是正统以后的著作。明代老学全面延续了宋元《老子》注疏中三教合一的总体取向。加之明太祖朱元璋因读《道德经》而力主三教合一论，并在《三教论》《宦释论》《释道论》等处对佛道两教加以肯定，确立三教并用的政策，三教合一的思潮在明代较宋元有过之而无不及。明中期，林兆恩更是明确以儒家综合佛道，创立"三一教"，他也有《道德经释略》六卷行世。万历以降，社会失控，党争不断，学术思想界的三教合一思潮蔚然成风，老学著作也大量涌现。

三教合一的趋势中，中心线索仍是性命之学，三教同源于心性的认识也得到加强。道教一直积极提倡此说，道士多持此论，如明代陆西星的《老子道德经玄览》推《老子》为"性命之极致"，王一清《道德经释辞》直言《老子》"其要使人……复性命之原"，张洪阳《道德真经注解》说"《老子》性命之书也"，注文中有较为具体的修道方法；儒家如林兆恩《道德经释略》更以此为特征，薛蕙《老子集解》等以无为养生而回复善性之说谈论性命，立足于理学。明代四大高僧也代表佛教界发出了类似的声音，如德清有《老子道德经解》二卷，认为三教"无我之体，利生之用皆同"，并将三教的旨趣都归于心性学。

不过，与宋元一样，这里所称三教合一仍只是笼统的概括，具体到某位注家，他们对儒释道三教所持态度并不完全相同，也未必在注疏时对三教都有涉及，其中援老入儒的尤多，如王道《老子亿》、朱得之《老子通义》以阳明心学解老，他们尤其反对内丹心性论；沈一贯《老子通》以修齐治平的儒家理想解老；焦竑《老子翼》虽为集注，在选择注家方面也完全以立场为儒家或融三教注老者入选，而对重玄学诸家完全弃而不顾；其他还有赵统《老子断注》、龚修默《老子或问》等。一方面，由于程朱理学和陆王心学的鼓与呼，洒扫应对皆是道、日用即道的理念深入人心，影响人们对《道德经》的理解；另一方面，受汉语言日趋日常化（如白话小说的出现）的影响，老学著作呈现出世俗化的一面，开始以简易明了的日常语言去注疏，在语言形式上变得通俗易懂。这从宋元公案体、诗颂体的应用即已开启，明清进一步发展。

明清易主后，具体情况变得更加复杂：

一则，道教仍然延续了三教合一的观念。如道士郭乾泗《老子元翼》主张应以儒家经典为视角去了解《老子》，宋常星《道德经讲义》

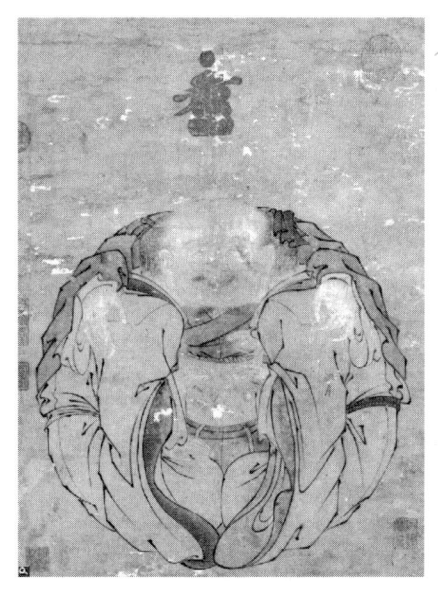
一团和气图

以理学和内丹学解老并上呈康熙皇帝,刘一明出入儒释,黄元吉《道德经讲义》以会通三教闻名,董德宁《老子道德经本义》以仙道不离人道为原则力证"孔老之合,儒道之同源",德园子《道德经证》甚至尝试沟通三教与基督教的义理。

而仙解《老子》的基本路向也是三教合一。明清时期,吕祖信仰鼎盛,社会上流传许多通过扶乩而来的吕洞宾祖师"降鸾释义"的解老著作。其中有吕真人注、顾锡畴解《道德经解》,顾锡畴作序说此书洞彻"老氏有无之旨,即于此会通寂感色空之理,而三教无余蕴矣";纯阳子注、刘沅重刊的《道德经解》以儒家心性论解说,纯阳吕仙衍义、颜子渊作序的《道德经注释》跋文称此书"阐性命之精微……指示后学以正心修身穷理尽性为齐家治国平天下之大道",纯阳吕仙撰、杨宗业校的《道德经注》宗旨也与此相同。它们是道教深入民间发展的反映，部分与民间宗教结合在一起，无不以会通儒道或三教为宗旨，以劝善行化为目的，总体上可以看作道教的著作。所以道教在提倡三教合一方面一直是最为积极的。

二则，以内丹性命学解老者仍不乏其人，著名者即是一代高道刘一明的《道德经会义》与《道德经要义》、李西月的《道德经注释》。李西月是对《道德经》部分章节进行内丹注解，刘一明则完全以内丹功夫解说《道德经》。儒生汪光绪《道德经纂述》认为《道德经》"穷性命根源"，仙解《老子》的著作也多持此论，如纯阳真人释义、牟允中校订的《道德经释义》，纯阳吕仙衍义、颜子渊序《道德经注释》

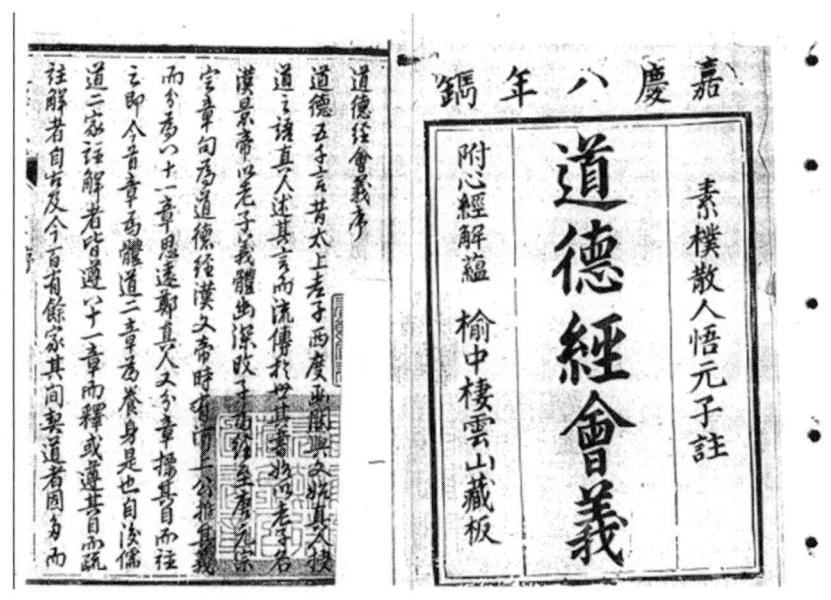

刘一明《道德经会义》嘉庆八年刻本书影

等。明清道教老学呈守成之态势，因为道教的哲学体系在各个方面都已完成，内丹心性论也少有突破的余地，仅龚礼《道德经经纬》"因字形而解以五行"，稍有拓展，但也未提供新的理论内涵。清末社会动荡之后，内丹大家开始思考内丹与救世的结合，从而开辟了道教解老的新路向，代表者如黄元吉的《道德经讲义》。

三则，儒学方面，一些士大夫持批判态度，如王夫之《老子衍》将道教归为明亡的原因之一，而对《老子》中不合于儒学原则的部分大加批驳，吴鼐《老子解》批判了《老子》在善恶观上与孔门的不一致。但进入康熙朝以后，理学注老风气再度兴起，其诱因则与清廷初定，君臣需要一种稳定、统一的政治局面有关。于是，如李大儒《道德经偶解》等截取《道德经》中能与理学相契合，又能提供无为政治理念的章节予以解说，而对其他则予以舍弃；儒生纪大奎《老子约说》、邓晅《道德经辑注》、倪元坦《老子参注》、花尚《道德眼》等，认为《老子》与《周易》等儒家修养功夫之"体"是一致的，但同时也就《老子》与儒家理念不一致的地方进行了驳斥。吴世尚《老子宗旨》、纪大奎《老子约说》在易老会通方面成就斐然。完全赞同三教合一的儒家注疏不多，王定柱《老子臆注》是代表性的一种。医学群体中，徐大椿《道德经注》、胡与高《道德经编注》、黄元御《道德经悬解》都侧重发挥《老子》清静无为的修身理念，表现出世俗化的特点，即不以道教炼养说立论；儒生张尔岐《老子说略》则主张"以是书解是书"，即抛开前人注解直接从《老子》文义出发，不以内丹解老，也力图避免以理学解老，所以，这四部注疏更像是直接从《老子》的文学文本出发，但它们强调返回"道""德"在日常生活中的意义，在某种程度上是与儒家对日常生活的重视，尤其是清代实学思潮的兴起相一致的。其他援老入儒者大有人在，这种思潮最终汇入经世致用的时代大潮中。

实学,顾名思义,是讲求实务的学问。程朱理学在反对佛老的立场上,认为道家以无为宗、佛教以空为宗,都落于空疏,而理学所言"理"作为实在的宇宙本体或本原乃是"实理"而非"虚理",称理学发明了儒家的"实学"。但是,理学和心学在后来又都在某种程度上走入了"空虚寡实之学"。所以,明中叶以后,理学内部开始进行反思,讲求气本论,从而形成了作为理学之反动的实学。进而,承袭宋代的"明体达用"理论,实学认为,"内圣"之体必须外显为具体的用,落到实处。这种"用"有两层含义,一则是格致之学,或曰实测之学、格物游艺之学;一则是经世致用的经国济民之学。这两种途径都不必然是实学的,比如陆王心学认为格致之学乃是致良知,只是在明末以降中西文化的大碰撞中,实学最终走向反对理学和心学空疏之弊的道路。从而,明清实学在学术各个层面由虚反实,有提倡气本论者,有追逐近代自然科学者,有主张史学经世者,其中一种重要的研究方法——考据被重视起来,一种指导思想——救世被应用起来,这些深切地影响了明代后期尤其是清代的《老子》注疏。

首先,受实学思潮的影响,也由于现实政治环境的压迫,乾嘉时期,考据学一时繁盛。从而老学也走上了考据的道路,出现了大量考订版本、文字、音韵的著作。在此之前,历代注家对文本的研究是偶有涉及,且不说傅奕古本,宋代范应元、彭耜作集注而有简单的文字校勘,元代李道纯《道德会元》为阐发自己的心性论而对《老子》文本字斟句酌,明代吴勉学、彭好古等对文本也有过简单考订,焦竑《老子翼》以"考证"闻名于世,但立意却是对义理的考订。所以,考证方法在乾嘉之前在很大程度上只是校异文,是作为义理探讨的辅助手段存在,这一点在清代的《老子》注疏中仍然延续着,如李大儒、徐大椿等人的著作以校正文字、训诂文义的方式阐发义理,直至雍正二年(1724)成书的胡与高、徐永祐著作亦是如此。所以,作为独立的"小学"学问的考据学只是在清代乾嘉时期才形成的。著名的《老子》考证著作首推毕沅《老子道德经考异》,它以傅奕古本为底本,参校了王弼本、河上公本、经典释文本等;其他还有纪昀的《老子道德经校订》,主要整理了王弼注本;卢文弨《老子音义考证》主要考证了陆德明经典释文本;黄文莲《道德经订注》则以己意对《老子》文本进行了删节,又摘录了之前各家的注解;陆心源《道德真经指归校补》对严遵注本进行了精校,吴汝伦《点勘老子读本》考证了河上公本。以上是对《老子》全文或直接以之为对象进行考订,除此之外,有一些子学笔记涉及或包含了对《老子》的考订,如王念孙《读书杂记》有对《老子》若干章节文句的训诂,孙诒让《札迻》中有对《老子》部分章节的考证,俞樾《诸子平议》有对《老子》文字及字义的考订,江有诰《先秦韵读》中有对《老子》的韵读,《邕香草续校书》卷一是对《老子》文字、音韵、训诂的研究,严可均《铁桥金石跋》中有对唐景龙二年(708)易州龙兴观《道德经》碑的文字考订(严灵峰将之命名为《老子唐本考异》),魏锡《校老子》对之重新进行了校勘,吴云《二百兰亭斋金石记》有对唐广明元年(880)《老子道德经》石幢残石的校勘。考据学老学著作除主要涉及文字校勘、训诂外,还涉及文本的分章,如姚鼐对《老子》文本做过大幅度的调整,主要是基于对河上公本的不满而重新断句分章,黄元御等也有类似举动。马骕《老子道教》则是资料汇编的先驱著作。总体来讲,考据学在清代老学文献中所占数量并不多,而且总体上从属于子学研究,出于"以子证经"(以先秦诸子书印证儒家元典)的目的,但客观上使得老学研究逐步走向实证化的道路。步入近代以后,刘师培《老子斠补》等一批文献学著作相继问世。

其次,经济学问是儒家的一贯主张,明清之际,在现实政治环境的直接触动下,发展为经世致用的实学理论。明后期,社会上党社纷争,边患、流民问题蜂起,面对日渐严重的社会危机,一些思想家开始思考解决方案,《老子》成为他们的思想源泉之一。如徐学谟有《老子解》二卷,序文表明其撰著的目的是"冀用世者考证焉,匪曰三代之治可废也",即以三代垂拱之治为目的,"志道救世"。李贽有《老子解》二卷,其书即重在发挥无为政治的价值。他借注解提出了"致一之道",倡导社会平等如"凡圣平等、侯王与庶人平等、男女平等",提倡"无为而治",反对专制统治,这些都具有启蒙意义。经历农民战争之后,满洲入主中原,面对长年的社会动荡和人们对国家统一安定的急切需要,传统的黄老学进入清初君臣的视野。如顾如华《道德经参补注释》明确推崇《道德经》可"赞勷王化",并称汉初以之休养生息甚有效验。后来的徐大椿、胡与高等人都继续肯定了无为政治的思想。嘉庆时期,积聚日久的社会矛盾开始爆发,饥荒、决堤、叛乱纷纷上演,甚至发生了紫禁城被攻破的"癸酉之变"。遭遇西方列强,尤其太平天国运动以后,社会一时陷入乱局,如何挽救危亡成为朝野共同思考的问题,愈到后期,救亡图存愈成为整个民族的现实问题。在这种情形下,《老子》再次成为人们寻求国家社会出路的思想资源。较早也是最著名的代表人物即是魏源。魏源认为《老子》一书是太古之史书,慨叹"《老子》救世书也",其意是教人去泰去奢复归淳朴。他作《老子本义》,主张"黄老无为可治天下",并历数唐虞三代,西汉张良、曹参、文景二帝,东汉光武帝、孝明帝,北魏孝文帝,后唐明宗,宋太祖与仁宗,金世宗,明太祖等实行"无为而治"的上中下各种治世情形。高延第比魏源时代更晚,对时代的痛楚感触更深,其《老子证义》完全

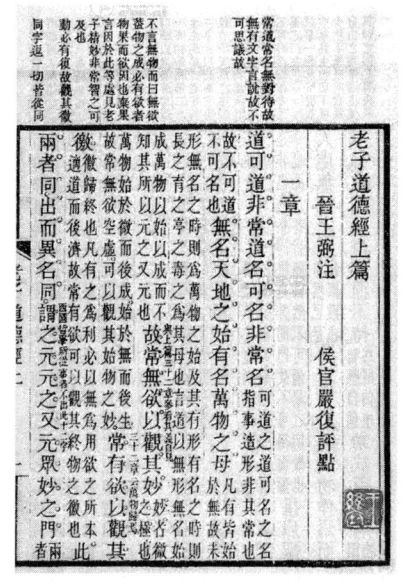

严复注本书影

赞同魏源的观点，主张"黄老贵清静，薄嗜欲，简调发，省文书"的"浑朴清静之治"。直接面对太平天国运动的易佩绅《老子解》也寄言后世"行老子之道"以救世。在对中西文化关系的数次讨论中，《老子》也成为会通中西文化的桥梁与媒介。典型者如严复开启了以科学、民主诠释《老子》的近代化道路。光绪三十一年（1905）以后，面临社会乱局，严复由全盘西化的拥趸者转变为支持中国文化的"中西折衷论者"，他的《老子道德经评点》认为《老子》有许多可以与西方哲学、民主、科学理念沟通的地方，明言"黄老为民主治道"，以近代科学的"公例"（科学原理）去解释"道"，并称之为西方哲学的"第一因"（第四、第四十二章注），从微积分、进化论的角度加以解说（第五、第八章注）。虽然严复的解老思想很不系统，但赋予了老学现代意义。

需要指出的是，经世致用的解老思潮尚不能简单被认为是对黄老学的复归，汉代黄老学的主体是黄老道家，经世致用的推动者是儒生，至少他们受到过系统的儒学训练。其与考据学一起构成晚清实学的主体，但不是完全分立并行的两种学问，而是彼此相互影响。如魏源有考据功夫，精于校勘，使用王弼本、河上公本、傅奕本、碑文本等多种传世本互校，并以《韩非子》《淮南子》等引文参校，比较异同，添加按语，参考吴澄本，将《老子》分为六十八章。考据大师钱大昕认为《老子》是救"周道"先礼、文胜等弊端的书，马其昶《老子故》在训诂中明救世之意等等。经世致用思潮致力于社会治理之道，考据学从语言学的意义上是格致之学的一种，似乎以两者为主体的实学完全是一种实证科学，但是如前述，对实学的理解不能如此单向度化。比如，实学与理学、心学一样，在心性论方面都认为儒家的实践道德是"实学"。魏源本人作为经世致用学问向近代转型的开创者，"倡经世以谋富强，讲掌故以明国是，崇今文以谈变法，究舆地以筹边防。凡次数学，魏氏或倡导之，或光大之。汇众流于江河，为众望之所归"，也就是说，魏源是从公羊学出发步入近代实务学问道路的。其后的易佩绅认为老子之道与孔子之道实无二致，曾国藩等人仍将理学的修养功夫与经世致用结合在一起，认为通达儒家性命之"义理"自然明白经世致用的学问。明清儒家以性命理论解说《老子》与在经世致用思潮下注解《老子》是一个问题的两面。只是在清末经过西学东渐、洋务运动等之后，国人眼界真正被打开，对《老子》的注解才与其他学问一起脱离儒学窠臼，最终走向以探讨民主、科学等为旨趣的近代社会科学道路。这些新路向包括进化论的引入、与唯物史观的结合等等。

内外家的注疏路径

前章所述是对《道德经》历代注解的整体介绍。据统计，民国以前，见诸著录的《道德经》注疏，汉魏六朝时期九十余家，隋唐时期百余家，宋元时期近二百家，明清时期二百余家。

其中保存至今的代表性著作有：严遵《老子指归》、《河上公章句》、《老子想尔注》、王弼注、成玄英义疏、李荣注、唐玄宗注与疏、杜光庭《道德真经广圣义》、陈景元注、白玉蟾《道德宝章》、苏辙《老子解》、李道纯《道德会元》、吴澄注、陆西星《老子道德经玄览》、薛蕙《老子集解》、焦竑《老子翼》、王夫之《老子衍》、刘一明《道德经会义》、黄元吉《道德经讲义》、魏源《老子本义》，等等。这些注解就个人理解角度而言，有的视之为君人南面之术，有的视之为兵书，有的视之为养生书，致使《道德经》注释书千姿百态，各有各的理解，一如杜光庭所言"道德尊经包含众义，指归意趣，随有君宗"。今人的著作，年代虽近，数目则众，《中国历代文学书目举要》一书对这些作品进行了提要。

总之，诚如《庄子·让王》所说："道之真以治身，其绪余以为国家。"治身与治国构成理解《道德经》思想的两个基本点。自《韩非子·解老》与《淮南子·泰族训》以来,历代注疏围绕这两个基本点展开了大量解说,大体而言,依据侧重点的不同可以将道教内部的注解与教外注解区分开来。

道教注老的特点

道士以《道德经》为祖经,代有注疏,于唐代达到高峰,以后虽有减少但并无断绝,在诸家注疏中占有一定比重。因为时代所尚不同和个人理解的差异,而呈现各自的特点,但总的特点是将《道德经》宗教化,从中升华出与宗教相通的内容,以之作为道教教理、方术的根据。蒙文通说:"以儒家言之,秦、汉至于明、清二千余年,学术之变亦多,派别亦复纷歧,然决未有一派之中曾无人注六经者,于注经之家即足以见各派之宗旨……至于道教,何独不然?未有一派之中而无人注《道德经》者,于此考之,而道教思想之源流派别发展变化亦略具于是也。"(蒙文通《道教史琐谈》)道教思想的构成,如元代马端临《文献通考·经籍考》中所说:"按道家之术,杂而多端,先儒之论备矣。盖清净一说也;炼养一说也;服食又一说也;符箓又一说也;经典科教又一说也。"其说大体以时代先后为分判标准,以黄老庄列(大抵相当于今天所说的先秦道家或原始道家)所述为清静无为之旨;所言炼养(指赤松子、魏伯阳等所主外丹),与其所言服食实难分开。此说意在剖析道教理论的主要维度,虽不准确,但大体可以反映道教作为道家的某种发展阶段,包括狭义的经典、炼养(外丹、内丹)与科仪斋醮等基本面向。且不说道教的宇宙论等无不以《道德经》为基础,单就炼养一端来讲,《道德经》也是其理论基础。从系师起，六朝多见"内解"（杜光庭谓"内"系内修之旨），说明道教形成了强烈的宗教认同意识，标识这一认识主线的即是成仙的主旨。"内"区分的不仅是简单的教之内外，更重要的在于解释方法的不同，即侧重于从炼化体质而成仙入手。而且，这种倾向随时代发展愈来愈明显，汉末发端，晋唐开始与练气、修心功夫结合在一起，宋代开始形成完全以内丹说注解的文献。

《道德经》有"长生久视、营魄抱一"的文句，自汉代即开始被理解为仙道。边韶《老子铭》记录了汉代人因《老子》书中"天地所以能长且久者，以不自生也"或"谷神不死，是谓玄牝"之语，认为老子"存想丹田，大一紫房。道成身化，蝉蜕渡世"，引申出存思等具体的修炼方法。《论衡·道虚》更揭示了仙道的理论基础——形神合一，文曰："老子之道……恬淡无欲，养精爱气。夫人以精神为寿命，精神不伤，则寿命长而不死。"其后，《老子想尔注》、河上公注等都发展了《道德经》中有关练气养神长生的观念，《老子节解》则发展了存思与练气的内涵。这些奠定了道教注老的原则方向，以后不论是在重玄学还是内丹学中都得到了贯彻，只是内丹学更明确地提出心性、精气等的系统修炼功法，加入境界理论，更接近于《道德经》原旨。而这也是通过对《道德经》哲学思想的阐发而得到的。六朝道教理论化的过程中，道教以内炼思想解老大有使《道德经》的哲学理论被养生术包裹、遮蔽之势，但与此同时，道教上清、灵宝、天师道各派仍然从《道德经》出发对道教义理进行了更加细致的体系化的思考。进入隋唐，重玄学在六朝道教义理化的基础上继续发展，不再单纯以养生家的角度注解《道德经》，使其哲学性再次彰显。进而，内丹学承重玄之余绪，将层次分明、进阶有途的内丹性命理论作为道教解老的不二法门。

河上公注

按照杜光庭的归类，河上公注本指向主要是理国之道。但是，一如前述，河上公注已然开启以养生注老的路径，也因此被道教视为基础文献。河上公注传世本很多，彼此互有差异，王明先生有翔实的考证，王卡教授有点校本。现依据此点校本的前言，结合其他研究成果，对此注本进行简略介绍。

此书最早见于著录，是在《太平御览》卷五〇七引魏晋皇甫谧《高士传》："河上丈人者……明老子之术，自匿姓名，居河之湄，著《老子章句》，故世号曰河上丈人。当战国之末……专业于安期先生，为道家之宗焉。"更早的《史记·乐毅列传》则有河上丈人—安期生—毛翕公—乐臣公—盖公—曹参一系传授黄老学说的脉络记载。可知，河上丈人是战国时期人，但当时并没有为《老子》作注。东汉时，有注家著成此书，遂依托其名而称为《河上丈人老子章句》。作者河上丈人，后来习称河上公，源于"丈人"与"公"都是对老人的尊称。但是需要说明的是，安丘望之（安丘先生）也曾著《老子章句》，他是汉成帝时人，魏晋时，遂有安丘望之师从河上公的说法，见于魏嵇康《高士传》："河上公者……谓之丈人……安丘先生等从之，修黄老业。"同时形成的还有河上公授经于汉文帝的传说。此说随后在皇甫谧的《高士传》中得到了纠正，安期生与安丘望之是分条按年代先后排列的。但河上丈人称河上公已成流行之势，加之受魏晋玄学一反汉代章句体之烦琐而改章句为注的风气影响，《河上丈人老子章句》极有可能也被改称《河上公老子注》。总之，以后的历代著录情况比较复杂，称"河上丈人章句""河上公章句""河上公注"的情况都有，还有人认为《河上丈人注》与《河上公注》是两部书。

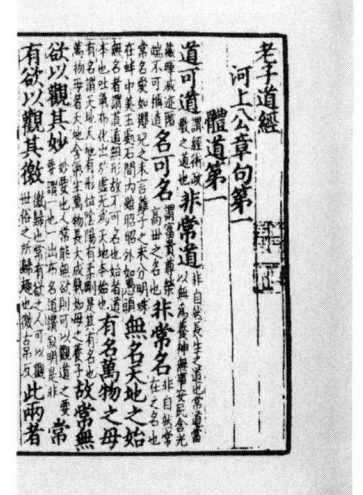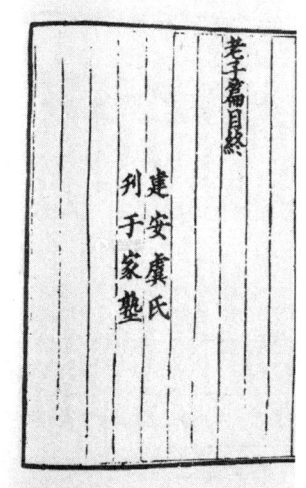

河上公注元刻本书影

葛洪《神仙传》记录了河上公授经于汉文帝的故事：汉文帝时，河上公在河滨结草庵居住。汉文帝尊崇《老子》，让王公大臣都加以咏颂，但有未解之处，便遣使前往河上公处询问。河上公告之以"道尊德贵，非可遥闻也"。于是，汉文帝驾幸河滨，亲往问询。为打消文帝的高傲态度，河上公"撑掌坐跃，冉冉在虚空中，去地数丈"，以示超然世外。汉文帝下车稽首，河上公遂授之《素书》二卷，随后消失踪影，"云雾晦冥，天地泯合"。汉文帝因此很看重此书。《太平御览》卷六六二引《神仙传》作汉景帝，这一记载反映出汉初黄老学的兴盛，道教内部为尊崇《道德经》，对这一传说不断转述。

河上公注的养生思想历来为道教看重，但其基本思想是身国同构、理身理国并重。其主要内容是以汉代流行的黄老学派无为治国、清静养生的观点解释《老子》经文。天道与人事相通，治国与治身之道相同，二者皆本于清静无为的自然之道，这是《河上公章句》的基本思想。故陆德明《经典释文》概括此书要旨为"言治国治身之要"。河上公注文用以沟通天人的是汉代典型的元气论——元气（或曰精气）化生万物，万物得元气而生，所谓脏器、骨髓皆得元气（精气）而有神（四十二章、四十七章等注，与《黄帝内经》所论五脏神完全一致）。治身者要长生久寿，总的原则是"精气不劳，五神不苦，则可以长久"（五十九章注），具体需要做到：明玄牝呼吸精气，以鼻、口为玄牝，具体的方法是"鼻口呼噏喘息，当绵绵微妙，复若无有。用气当宽舒，不当急疾勤劳也"（六章注）；"呼吸精气，无令耳闻也"（十章注）；清静无为以养神，"除情去欲，使五脏空虚，神乃归之"（十一章注）；"治身不害神明"（三十五章注）；"法道无为，治身则有益精神……不劳烦也"（四十三章注）；等等。其论说往往治身与治国并举，言治身则跟随治国的言论，反之亦然。

河上公注所据文本与其他传世本稍有差异，多是通行的分章方法，上篇《道经》三十七章，法天，下篇《德经》四十四章，法地；也有其他的分章方法，见敦煌经卷。王羲之曾为山阴道士书写此本，道教内部也传承不绝，教外僧人儒士也多有引用。唐初，官方学校教授《老子》，所用课本即为《河上公章句》，直至开元七年（719），唐玄宗御注本完成，下旨家藏一本，人们才改用御注本。但是，唐玄宗御注所依据的经文仍为河上公本，在民间河上公本流行不替。除单行的抄本与刻本外，历代集注都多有征引，见诸张君相、强思齐、陈景元、范应元等集注中，何道全、焦竑等二十余家以之为蓝本。唐本每章并无章题，宋本开始为每章设置二字的章题。又有纂图互注本，卷首有《初真图》《金丹图》《老氏圣记图》《混元三宝图》等宋元道士内丹图解，反映

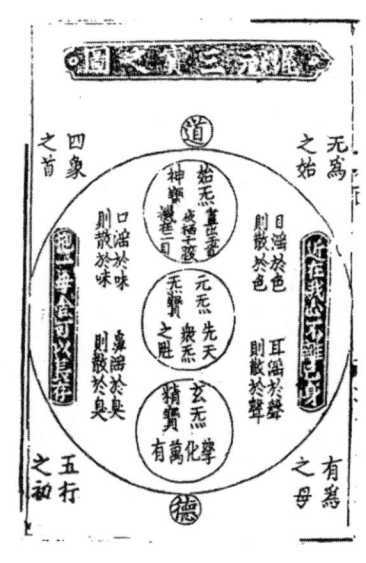

纂图互注本所附《混元三宝图》

了道教视河上公注为炼养文献的态度。

成玄英义疏

成玄英，字子实，陕州人。据强昱考证，他大约出生于隋文帝仁寿年间（601～604），隐居东海，于唐太宗贞观五年（631）至长安，贞观十年、十九年、二十年多次参与佛道之间的论辩，其间加号"西华法师"，高宗永徽年间流放郁州（可能与作《周易流演》讲论阳九百六灾异有关），卒于武周天授元年（690）。《新唐书·艺文志》载："道士成玄英注老子《道德经》二卷，又有《开题序诀义疏》七卷。"附注："书成，道王元庆遣文学贾鼎就授大义，嵩高山人李利涉为序。"成玄英在唐太宗、高宗时非常著名，著述影响也较大（唐代《两京新论》称其"行于时也"），但却不得传世。著名的目录学家晁公武《郡斋读书志》、陈振孙《直斋书录解题》均未著录，《崇文总目》也仅著录了《开题序诀义疏》且未署作者。可知，成玄英这两部书在宋末元初已经亡佚，而且注本没有引录者，《开题序诀义疏》被集注本引用较多，又有敦煌残卷被发现，可以进行辑录。蒙文通和严灵峰分别有辑校本，现在《中华道藏》与《老子集成》均收有该书的点校本。

成玄英《道德经开题序诀义疏》所据经文系简字五千文本，这是由于五千文本是唐代官定的道教传授文本。关于此书的思想宗旨，蒙文通在《校理老子成玄英疏叙录》中有较为中肯的概括："六代注老显有二派……不偏一隅，每疏文义竟，复起内解……成公之疏，不舍仙家之术，更参释氏之文，上承臧、孟，近接车、蔡，重玄一宗，于是极盛，萃六代之英菁而垂三唐之楷则者也。"即是说，成玄英注疏一方面本于六朝兴起的"内解"之风，一方面承袭六朝臧矜、孟智周及车玄弼、蔡子晃等人的理路，同时吸取了佛教的理论，使得重玄学一时极盛，成为六朝注疏的集大成者和后来数代学者的楷模。

重玄学重在发展《道德经》道论的性命学问，在双遣"有""无"之后，以"理"释"道"，使"道"获得一种不局限于实体性的真实无妄的意义。以"理"释"道"，成玄英是通过注庄来完成的。成玄英同时精于注解《庄子》，他将庄子的"内圣外王"之道引入对《老子》的注解中。他认为，作为虚通之妙理的"道"落实到每个个体，便构成具体个体的"正性"。"天然之性，蕴于内心。"（《秋水》疏）重新获得这种"正性"，也就是修道，则要"心冥至道"，从而由本体论引向心性论，将二者结合在一起，发挥了《道德经》精神超脱的一面。方法原则即"双遣二边，妙体一道，物我齐观，智境两忘"（三章义疏），使心不染有（三十七章义疏），具体包括静心守一、齐物无别不起分别心（与观空结合在一起，十一章义疏）、兼忘坐忘（忘物忘我忘言），等等。质言之，就是破除对事物差别、变动等有限规定性的执着，认识到万物的"自然"本性；更重要的是兼忘，即破解对事物共相（统一性、普遍性）、殊相（差异性、个体性）以及认知能力的分界，实现觉悟。"处世不离，处染不染"是对郭象注解《庄子》言论的发挥，道教心性论的主要资源之一便是《庄子》，成玄英的心性论更多体现在其《庄子疏》中，需要结合起来进行理解。

成玄英注解老庄是为道教整理教义。道教炼养理论的基础是气

成玄英《开题序诀义疏》敦煌抄本（部分）

论，成玄英自然要继承这些理论。他认为"至道妙本，体绝形名，从本降迹，肇生元气，又从元气变生阴阳……二气升降，和气为人，有三才，次生万物"（四十二章义疏），完全继承了河上公的解释，只是将河上公的清、浊、和三气变为了阴、阳、和。于是，道之于人，某种意义上也是元气之于人的关系。如此一来，本体论又借助生成论与心性论结合起来。又说，"心，神也；气，身也"（五十五章义疏），"心中有道，则正气流行，支体滋润，发肤玄长"（四十六章义疏）。修道也就意味着炼化精、气、神，精、气、神的关系是三一论的主要内容，成玄英也有论述。具体方法有对"专精道气"的采用，也有对传统上清派拘魂制魄法的采纳（十章义疏），这样才能修性"反德而会于真常之道"。这些方法是作为一名道士应当具备的知识，构成其知识背景。但成玄英在疏文中并没有给出具体的论述，所以给人一种感觉：重玄学只提供了一种方法论，没有和具体的修养方法结合在一起。这是与成玄英的注疏目的相关联的，其意在通过注疏《道德经》建构一个体系，使这些吸纳的概念统一起来，只是未做展开，尚显粗糙（至杜光庭作注，这些概念经过取舍，结合得就更自然了）。

成玄英对《道德经》的结构进行了别具匠心的诠释，各篇首有总括性文字，每章则有承上启下的按语，总结概括上一章的主旨并导出这一章的主题，使之成为一部结构精严、逻辑周密、环环相扣、体系圆融的经典。目的很明确，是为修道人提供可依循的进阶。对经文中的政治理论主要以玄学的圣人论加以解说，同时以"内解""若作身心解者""若作行道人心解者""治身者"等按语方式阐述其对治身的意义，有学者称之为"刻意为传道立论"。

对于成玄英的语言术语，研究者往往直接评论其杂糅了佛教的概念。当时华严宗澄观在《华严经疏悬谈》中就有评论："但见其言有小同,岂知义有大异？"而蒙文通说成玄英"参释氏之文"是从重玄学脉络发展意义上说的：六朝僧人鸠摩罗什及其弟子本来注解过《老子》,中观说因此被道教接纳,成为重玄学的思想资源之一。重玄这一概念在六朝已经使用得很普遍,道教之外,支道林、僧肇都曾使用。唐以前,《太上洞玄灵宝净供妙经》等灵宝经已经广泛吸纳了佛教概念,受佛性说影响,孟智周等作《玄门大义》《道教义枢》《玄门大论三一诀并序》等,以三一论为核心已初步建立起心性与觉悟的关系。小林正美指出,道教还影响到智顗的止观法门。所以,南北朝佛道教概念互融,是共同发展的。成玄英吸纳佛理的地方,某种意义上是对六朝道经概念的消化。成玄英在使用这些源于佛教的概念时已然赋予了其道教内涵。后人往往不加甄别,笼统地指责成玄英生硬使用佛教理论,实属不辨原委。对于具体事件的解释不能进行无限倒推,做无穷追溯,需要结合时代背景做出具体论证。

重玄之运思如何落实到具体的修养功夫乃是至关重要的,这项工作由内丹学来完成。

金丹解老

张伯端说,"阴符宝字逾三百,道德灵文满五千。古今上仙无限数,尽于此处达真诠",认为仙道学问的奥秘全部在《道德经》与《阴符经》之中。陈致虚更明确地说："《阴符》《道德》,丹经之祖书。"内丹的逆反成仙原理源自《道德经》,其玄牝等词语更成为内丹学的专门术语。陈致虚《金丹大要》说《道德经》"如恍惚中有象有物,杳冥中有精有信,不贵难得之货,此皆直指大道,显露玄机者也。经内隐八十余异名,如众甫、神器、玄牝、囊龠之类,盖深注意于道，使后之人从是而悟，因悟而入，因入而有焉，即有为者，金丹也"。"道教注老，使老子思想成为道教养生的重要指导思想之一，发展和丰富了中国传统的养生思想和方法。道教养生具有特色，颇有效验，与此决然难分。"（朱越利《道教养生始终以老子思想为依托》）

  由于道派的不同和个人经历的差异，道教内部对以炼养解老的强调程度也不统一，这直接关系到注者对治国这另一路径的看法。道士并非无视《道德经》中的政治言语，对这些内容的理解，有一种观点完全从宗教的角度予以解说，认为《道德经》是单纯的炼养书，早期的《老子节解》如此，白玉蟾《道德宝章》也是如此，后来的程以宁《太上道德宝章翼》更以后者为基础进行深入解读，完全以"金丹大道"进行注解。陆西星认为："且夫圣人治世之书，六经尚矣。必欲治世，则取足于六经，老子奚贵焉？若夫溯大道之宗，穷性命之隐，完混沌之朴，复真常之道，则孰先老子？"完全把治国的理路排斥在对《道德经》的理解之外。与之相似，但态度稍有缓和者认为老子有关治国的言论其实是一种比喻，一种论说理身之道的譬喻。如李西月《道德经注释》所说："先辈云：老子之书，内可理身，外可理国。其实以理国喻理身也。然以理国喻理身，既可以理身喻理国。"显然认为《道德经》关于国家治理的言语都是对身心修养的比喻，但身国同构，不妨碍人们以理身之道去治理国家。更多的则秉持黄老道的传统予以清静无为的解说，是为主流。从元代开始，全真教开始更多讲求外功，即讲求社会责任的担当。这一时期的何道全《老子道德经述注》就较多地论述了治国之论，对于理身之道也偏重于从清静无为的角度加以注解，体现了全真教关心社会现实的教风；杜道坚也论述了性功与命功，反复倡言理身理国同理；陈致虚发展了李道纯所论《道德经》包含无为之道（无为垂拱之治）、有为之道（修齐治平日新之德）、无不为有以为之道（金丹之道）的说法。后来，危大有作集注，称"《太上道德真经》乃吾道经之祖也，以无为自然为体，以谦退慈俭为用，以致修齐治平之道，靡不具焉"，以"内而葆炼存养，外而清静临民"为原则广取河上公、李道纯、苏辙、吴澂等人的注解。这些人往往采取调和孔老的立场，受到三教合一思想的影响。儒生出身、晚年入道的董德宁也是代表人物之一。

《道德经》注解的主要路向

《道德经》作为中国文化元典之一，因其凝练的语言和渊深的思想为历代所重视。钱基博说："《老子》冠时独出，为诸子之祖；薄仁义，贵道德，与孔子异趣；而文章安雅，语约而有余于意……"因此，古往今来，对《道德经》作注者时代愈远而人数愈多。道士之外的注解群体更多，比重也更大，尤其在明清，以世俗学问解老者呈压倒性态势。《道德经》思想广博，哲学、政治、天道、人性无所不包，众多注家主要是从宇宙论、本体论、政治思想以及心性论进行注解，这也是《道德经》对中国文化的主要贡献。

严遵《老子指归》

严遵的《老子指归》是目前存世最早的专门注解《老子》的书。严遵是西汉末年著名的隐士，事迹见载于扬雄《法言·问明篇》、班固《汉书·王贡两龚鲍传》、陈寿《三国志·秦宓传》、皇甫谧《高士传》、常璩《华阳国志·蜀郡士女》等。他原姓庄，字君平，为汉成帝时蜀郡成都人，文献中也称其为"庄子"。班固作《汉书》，为避汉明帝刘庄讳，改称严君平。严遵隐居不仕，择日于成都街市卜筮，得百钱以自养，足数则下帘闭门以讲《老子》。他知识渊博，推阐战国庄子的理论，著《老子指归》十余万字，扬雄曾跟随他求学。严遵教人孝悌忠顺，以高士隐者为后人称道。

严遵像

《老子指归》一共十三卷，宋代以后仅存前七卷，有佚文二百余处保留在强思齐、陈景元、范应元等各家注释中。《秘册汇函》《四库全书》等收录有其中六卷，不引经文，卷前有《说目》。《正统道藏》《怡兰堂丛书》收入七卷，《德经》部分比较完整，录有所注经文。王德有有点校本。

从《说目》可知，《老子指归》本《德经》在前，《道经》在后，与帛书类同。全书分为七十二章，将通行本第三十九和四十章、第五十七和五十八章、第六十七和六十八章、第七十八和七十九章合并在一起。总章数设定的依据是"以阴行阳"，即以阴八乘以阳九而得七十二首；再将阳九分为五、四两数，"以阳行阴"分别乘以阴八，而得到四十和三十二两数，是为上下篇章数（依据是上为天，为阳，数众；下为地，为阴，数寡）。显然，这是严遵依据《易经》天地数的概念对《老子》进行的篇章划分。严遵"专精《大易》"，所注解的宇宙论糅合了《易经》的相关内容，有时还直接引用或化用《易经》的词句，有关性命的论述与《系辞》有直接的联系。所录经文在刘向以前，与北大藏汉简本文句有许多相合之处，如都把通行本第七十八和七十九章合并在一起，都把通行本第五十八章"方而不割……光而不耀"四句归属于下一章，"千里之行始于足下"都作"百仞之高始于足下"等。

严遵注本是阐述黄老政治与元气宇宙论的代表性著作，注文的文字量远远超过了所注的《老子》经文。

关于元气宇宙论，《鹖冠子》等早期文献已有涉及，《淮南子·原道训》进行了较为细致的描述，严遵深化了这些观点，构造了一个以虚无为本原，以气化为过程的宇宙演化体系。其《得一篇》《道生一篇》《天之道篇》说，"道"是极度的虚无，称为"虚之虚"或"无无无"，不可言说但系"万物所由，性命所以"，即万物之可能性和规定性产生的源头依据；道以至虚而生一，"一"是道所生，对于道而言是有，是万物陶冶的场域，但是为混沌，不可比量，因其不可感触而生"二"。"二"是清、浊之气，它们具有存物去物的能力，而且是不可规定和不可规避的，因其感化的生化功能称为"神明"。"一"孕育出感化的功能，相对于"神明"而言是无，"二"的功能便是"无之无"，"二"因为"无之无"与"一"糅合而生"三"。"三"者，和气流行，没有物理性，不可测度，是为"无"；阴阳分判，和气流行，三者化生出有形可触及有声色可识的万物。这样，宇宙总体的演化过程便是由虚无逐步发展到实有的过程。严遵称"形因于气，气因于和，和因于神明"，《淮南子·天文训》则称清、浊之气为"元气"。所以，这个宇宙演化的过程也就是元气流布的过程，人的身体、性命都得之于这一过程。以后，六朝道经完全继承了这一思路，并进一步依据谶纬之学予以发展；儒家也吸收了这个基本的宇宙生成论模式，只是与《系辞》结合起来把源头替换掉，或以太极为元气（如刘歆），或以太极之理为本原（如理学），或直接以元气为本原。

推天道以明人事是道家思维总的方法论原则，严遵的《老子指归》与《淮南子》等一样从宇宙论导出了无为之治。既然从道生一以致三生万物皆因为"无"而有此生生之能力，也可以说事物是自生自化的，所谓"道德不生万物，而万物自生焉。……体道和合，无以物为，而物自为之化"。人要因之治身（谦卑柔弱，但没有炼养的内容），也要因之治国。"是以明王圣主，放道效天，清静为首，和顺为常，因应为始，诚信为元，名实为纪，赏罚为纲。"所言无为之治，有以下几层含义：治国者要与时屈伸，"计划不行，随时反侧"，随时顺势而变化，不要以强烈的个人意志行事（"去心去志，无为无事"）；"法正而不淫"，制定稳定、适用、基于诚信的法纪，而不是为呈刚树威、怀私牟利而立法，赏罚有定准，使百姓行为有所依循，以"禁奸之本，制伪之端"；同时要去除重累，使人们的社会活动简便易行，没有太多禁忌；省繁苛，不要有过多的人为的管理行为；不贪求浮华、追逐声色、好大喜功，不营建奢侈的宫室苑囿，不穷兵黩武、欺人立威；"前后左右，各有所任，因应以督，安其成功……百官趋职，主无与焉"，要知人善任，上下分权；谦恭卑弱，相信百姓有自我治理的能力，不以有治理成效之功而自重，将社会治理的成效归功于百姓（"不加以仁，不施以利"），让他们有按照本分、本心去做事的机会；以民生为上，轻徭薄赋，使人们能够自食自养，不胡乱设立使人背离淳朴的名目（"广辞让、饰知故、设巧能"），使人们相忘于自得之乐（"皆合自然，各得其所"）；等等。严遵的注释主要是阐发这种政治理念，描述这种社会状态。

王弼像

王弼注

王弼，字辅嗣，山阳高平（今属山东

金乡）人，生于魏文帝黄初七年（226），曾任尚书郎，卒于齐王曹芳正始十年（249），英年早逝。《三国志·魏书》卷二十八《钟会传》注引张华《博物志》说，王弼是建安七子王粲的侄孙。东汉蔡邕家中有书近万卷，末年曾载数车尽送与王粲。王粲死后，两个儿子因一起谋反案都被诛。后来，魏文帝定王业继承王粲宗祧，王弼即为王业次子。王业尽得蔡邕所与之书，王弼因此得饱览经典。同卷注引何劭《王弼传》说，王弼"幼而察慧"，十多岁就爱好《老子》，通辩能言，为何晏等名士赏识。王弼著有《老子注》《老子指略》《道德论》及《周易注》等，时人多为折服，《世说新语·文学》多有记载。

  王弼与夏侯玄、何晏同为魏晋玄学的开创者。其《老子注》摆脱了汉代章句之学的注解方式，运用由《庄子》和《易经》而来的"得意忘言"方法去探究宇宙的本体，注释直接简易，注文有时比经文还少。王弼对老子的"道"进行概念分析，提出"以无为本"的命题。《晋书·王衍传》记载，"何晏、王弼等祖述《老》《庄》立论，以为天地万物皆以无为本。无也者，开物成务，无往而不存者也。阴阳恃以化生，万物恃以成形"。即认为"无"是宇宙万物赖以化生和形成的最终依据，是终极实在，而万事万物都是其表现。《老子注》尤其是《老子指略》对此进行了详细论证。"无"之所以名为"无"，是因为它没有任何具体的规定性，"无名无形"。具体事物因有局限性或特定的演化模式而不能统摄其他事物（"有分则有不兼，有由则有不尽"），必须以"无"为根本依据。"无"于"太始之原"即存在，是"品物之宗主"，万事万物莫不统一于此（"寡者众之所宗"）；而且"无"不是空虚，它必然与具体事物结合在一起，所谓"四象不形，则大象无以畅；五音不声，则大音无以至"。也因此，

"无"就具备了多种名称,"涉之乎无物而不由,则称之曰道;求之乎无妙而不出,则谓之曰玄","深、大、微、远"都是从不同角度的勉强命名。这些概念以精深的抽象思辨和义理分析代替文字训释,是典型的本体论思维,发展提升了中国的本体论哲学(本体论研究的主要问题就是什么是存在以及什么在第一意义上存在等)。

王弼对世界的认知很少有宇宙生成论的色彩,这可以从其对《老子》第四十二章的注解看出。譬如对第四十二章"道生一"注曰"万物万形,其归一也。何由致一?由于无也"。与一般的理解迥然不同,没有把"生"解释为时间先后的生成,而完全是从事物统一于本体来说,作为一种逻辑意义解释,与前文所述严遵的注释形成鲜明对照。本体论中"无"与万物之间的关系就是本与末、母与子的关系(第五十二章注"本,母也;子,末也"),也就是体与用的关系。如前所述,用者(万物)莫不依据本体而成立,所以"体外无用";而本体在用后也没有作为一种独立事物,所以"用外无体"。玄学本体论是本体一如的,而元气论中体用为二(详参汤用彤《王弼大衍义略》)。这直观地体现了其得意忘言的方法(要得到一种表述所蕴涵的义理而不纠缠于言辞本身)。得意忘言也间接成为后世内解《老子》的方法论基础。

王弼论述这种体用本末关系是有感于时代而发的,所言"以无为本"最终落实在对社会现实的反抗中,进而提出"崇本息末"的命题。《老子指略》把《老子》的中心思想归纳为"论太始之原以明自然之性,演幽冥之极以定惑罔之迷。因而不违,损而不施,崇本以息末,守母以存子"。也就是说,通过论述宇宙本体显明事物的本性,从而破除迷妄。人们应该遵守因应之道,社会生活包括政治活动同样要以"无"为本,要无为。社会生活包括政治活动不能立足于以刑罚去约束人们的行为，以虚设的概念去规定事物，以所谓的仁义名节去激励人们的行动，也不能放任所有的形式使之一概并行。这些都是末，是子，不能以之为目的和根本治策，而要把握更根本的东西——"无为于万物而万物各适其所用"（五章注）。这要求人们的社会生活"去华"（去除浮华）、"去欲"（除掉嗜欲）、"不尚"（剪除虚假、人为设立的名誉），等等。不过，出于同样的体用一如的原则，王弼并不主张人们无心无欲、无所作为，社会生活以及政治活动是不能去除的，人们需要做的是参与其中而识其根本，即"不攻其为也，使其无心于为也；不害其欲也，使其无心于欲也"。王弼强调了"无"在社会生活中的应用，但其论无为，不言具体如何去做，与严遵也形成鲜明对比。

　　能做到无为的是圣人（圣人体无），德合天地自然之性，又能随顺应物而动。由于"圣人与道合体，老氏未能体道，故阮籍谓之上贤亚圣之人，盖同于辅嗣"（陆希声《道德真经传·序》），即王弼认为无为而无不为的才是圣人，"老子是有者"（何劭《王弼传》），所以老子不及孔子。因此，王弼注本在唐代一直受到排斥。开元七年（719），刘知幾以河上公史无其人又语言粗鄙为由，请废弃之而用王弼注。国子祭酒司马贞认为，河上公虽系托名，但注解质朴，把握了修身的主旨；王弼注义理玄微，应该让两家并行。唐玄宗下诏，河上公注照旧使用，而出于"存继绝之典"，即使其不至于失传的目的而同时使用王弼注（《唐会要》卷七十七）。宋代，王弼注同样为世人漠视，只有陈景元等少数几家有引用。至清初，藏书家钱曾一度认为此书已亡佚。后来由于道藏本、张之象本和日本藏本的发现，它才重新走进了学者的视界。王弼注终因思想上超然卓立，语言文笔晓畅，成为与河上公注并列的《老子》两大注本。其在流传过程中更受到较多改动，可谓命途多舛，现在有楼宇烈点校本。

关于早期各本分章的异同，《北大汉简本》附录二有对照表，可以参阅。

御注本与性命学问

阐发无为政治是历代注解《老子》的主要进路之一。《老子》原本的政治主张似乎含有一种反拨无效社会治理的革命因素（参见胡适《中国哲学史大纲》），后世注家也从中更多发掘了这一社会变革的思想资源。而且，除汉代黄老政治直接以道家治世的面貌出现，自南北朝起，儒学一直保持着正宗地位，道家道教与佛教都是以对儒学纠偏补弊的面目呈现，即便是在唐代，《道德经》被唐玄宗提升"居九经之首，在《周易》之上"，社会主体的治理思想仍旧是儒家学说。而且，自唐代起，由于唐玄宗的一力提倡，儒道互补、调和孔老的论调形成，以老学论政治者多以调和孔老的面目出现，这种情形直到清末西学进入才有改观。除汉代及明清各家外，宋代也有很多注家在治世之道这一方面进行了发挥。比如，王安石认为社会的治理之道当如"尧舜之道，至简而不烦"，老子明不尚贤之理，意在使天下人皆德善性，从而复归太古之治。他在对《老子》第五章的注解中提出："通则用之，与时宜之；过则弃之，与物从之。而天地圣人之仁，岂离乎此哉？"巧妙地避开了刻薄寡恩的法家式注解，在帝王的仁爱之心在于顺任之中建立起变法的依据。王雱、陆佃、刘概、江澂、林东、吕惠卿、欧阳修、赵实庵、李霖等人都有类似的注解思路，对《道德经》在治世、治人方面进行了一定的展开，如欧阳修称赞"老子为书，其言虽若虚无，而于治人之术至矣"，对于"圣人南面之治"具有不可替代的价值。

注重阐发《道德经》治世之道的注家中有代表性的一个特殊群体即是御注。《道德经》御注本有十余部,但是六朝的几代帝王注本都已遗失,价值也不大,现存世的包括唐玄宗的注与疏、宋徽宗的注、明太祖的注和清世祖顺治诏令近臣所作注。

唐玄宗的注疏在思想成就方面是比较高的。作为重玄学里程碑意义的著作,唐玄宗的注疏具有相当高的思想水准,撷取成玄英的妙本说,又在其基础之上进一步贯通本体论与本原论,较好地融合了对《道德经》玄理和修养理论的两方面理解。对于《道德经》的主旨,唐玄宗也进行了总结,指出"其要在乎理身理国",理国在于固守根本,"以无为不言为教",而"理身则少私寡欲,以虚心实腹为务"。其注疏重在帝王无为,明确否弃了性命及炼养的理解方法,说"穷理尽性、闭缘息想、坐忘遗照"等不是其所谈论的内容。经历武周改制、中宗复国、韦后乱政,唐玄宗积极采纳老庄的清静无为之说,开元之治局面的开创与唐玄宗前期躬行无为政治有直接的关系(《旧唐书·玄宗本纪》有评论)。由于唐玄宗的推崇,晚唐五代乃至宋代都持这一论调,王真、李约、陆希声等人的注解无不受其影响。

宋代,宋太宗、宋真宗、宋徽宗、宋理宗都是崇道的帝王,他们都有直接推崇《老子》清静无为思想的言论。宋太祖曾召见道士苏澄隐求教"治世养生之术",苏澄隐也以《老子》无为无欲的言论作答,受到敬重。宋太宗则说:"伯阳五千言,读之甚有益。治身治国,并在其内。"陈抟、贺兰栖真、柴通玄等高道都受到他的召见,并对以无为之论。宋太宗、宋真宗两朝,科举考试以道典命题,王安石变法期间,"为士者非性命之说不谈,非老庄之书不读"(《靖康要录》卷五)。此风后来有所息止,但宋徽宗又把《老子》推崇到无以复加的高度。政和六年(1116),设置道学;政和七年十二月,宋

宋徽宗《听琴图》

徽宗为尊崇《老子》，下诏改名为"太上混元上德皇帝道德真经"；政和八年八月，又下诏把老子的名（耳）、字（伯阳）与谥号（聃）列为世人取名的避讳字；当年，改元重和元年（1118），宋徽宗御注《道德经》颁行天下，规定全国诸生学习，科举从中出题。宋徽宗是在新旧党争的平衡过程中登上皇位的，外加边事不宁，深感治世不易，一力主张社会的稳定与统一。他的注本颇希望人们能回归淳朴，竟至单方面放大了"因应之道"，完全以顺应解释无为，而没有对人事的肯定（与严遵、王弼等相比）；相应地，大谈性命之道（与唐玄宗注疏相比），以庄解老，希望人们在适性逍遥中安顿一己之身心，从而使社会上各种欲念归于息止，实现和谐。宋徽宗的注受到荆公新学的影响（蒙文通《道教史琐谈》），但与王安石积极进取的精神不同。其后，江澂、章安等人为宋徽宗注本进行疏解，再次重申了"道常无为而无不为"的理念。

明太祖与清世祖都是经历了战乱和改朝换代后国家初定时期的君王，迫切寻求安定社会的治策。明太祖追求三教合一，称道、释可以"暗助王纲"，希望二教能够为治国所用。洪武八年（1375），所注《道德经》颁行。他在序中称，见经中"民不畏死"一句而悟省刑罚之理，在治理思想上有所感。此注完全以帝王口吻写作，以经国方略作解，所理解的"无为"是在先有为而达至安乐无事的效果，其意在检括民心，教化民众，防范动乱。所以，他说《道德经》为"王者之上师，臣民之极宝，非金丹之术也"。清世祖在顺治十三年（1656）也颁行了他令大学士成克巩所纂修的注本（见《钦定四库全书·子部十四》），盛赞《道德经》明清静无为之旨，重在阐释"日用常行之理，治心治国之道"，重申了不扰民、不掠民的无为政治主张。《道德经》对顺治皇帝"明君治吏不治民"治国理念的形成有直接影响，

明太祖注插页

顺治御注本

《道德经》的注本 | 99

他也是真正推行过无为政治的皇帝，这从当时实行的"宽待流民"等与民休养治策也可以看出。

御注本直观地表现了历代统治者对《道德经》的重视，反映出《道德经》对中国社会发展和治理的重要作用。御注本对待性命学问的态度不一，整体上与时代思潮相一致。

《道德经》注疏的总体特征

总之，历代注家对《道德经》两个基本面都有涉及，只是非道教的注解更侧重于对无为政治和宇宙论的理解，对于其中养生的言语，很少同意道教"内解"的视角，仅有极少数人例外，如张洪阳、汪光绪等。他们或有意回避，如前面提到的焦竑，或仅做一般哲理性的理解，如徐学谟注云："其云长生久视，亦云有道耳，犹孔子之言仁者寿。"更常见的做法则是援道入儒或以道归儒。这一点，特别能体现传统文化三大主体既相互融合又各自保持独立性的特征。

三教皆有修养学问，但各自的方法大不相同。其中，性命论对人性论进行的系统总结，三教对此都有论述，而三教的论述又在对《道德经》的注解中进行了交汇。

道教思想有修心和炼形双重维度，身体维度是道教一直强调的，早期方仙道即主张"形解销化"，黄老道以干国为主，但其时养形理论已盛，所以开辟了"内解"思路，后世各道派随时代各有特色，或主张白日升霞，或主张南宫炼度，或主张内炼元阳，但都强调变化气质。而儒家有其道德修养论，但属于伦理学，一般不出净化情操、涵泳心性、培育气质的范畴，包括约束私欲、去除嗜欲、心地清净等自我省察的内容，对个人道德境界的提升是其最终目的。能与道教相比拟的也就是凝神静气的修养功夫，在这一点上，王安石、叶梦得、邓錡等人的注解有较为集中的论证。在精神境界理论上，道教较多得益于儒学，但又曾反哺于儒学。比如，陈景元认为，人若能得清静之要旨，不为外物诱惑，从纷扰的世界中解脱开来，便是"复其性命之本"了；如此复归性命本然，反过来则可以去践履自己在现实世界的使命与任务（任其能、安其分），而不至于上下失位，社会混乱。陈景元还在论述宇宙论、本体论、人性论的基础上展开了如何进行身心修炼、体悟大道的修养论，主张"熄爱欲之心，归于虚静之本"，"不役心逐暗，泊然内寂"，如此则虚心，常守清静。后来二程的理学便受到其影响，诚如蒙文通所说"读陈景元《老子注》，而后知二程所论者，景元书中已有之"。

概括来讲，《道德经》为道教心性论提供了由天及人的基本论说模式，经过《淮南子》、严遵注的逐步展开，上清经中如《上清华晨三奔玉诀》有更凝练的叙述，成为《太极图说》的蓝本。其后，陈抟的《无极图》被周敦颐直接改造为《太极图》，陈景元"理一分殊"以及之前的成玄英则更明显地影响了理学。通过注释，《道德经》为中国人性论做出了重大理论贡献。

道教与佛教在形神关系和具体解脱方法上也是不一样的。在最终旨趣上，佛教注老是以佛理为依归的，早期落脚于般若学，宋以后落脚于禅学。如憨山大师认为佛理是更为究竟的学问，超越了天（道）人（儒）之别，孔子、老子都不过是"毗卢遮那海印三昧威神所现"。憨山认为老子之"道"实际是"八识空昧之体"，非佛不能印证；道生万物无非是智识变现万物而已。这种理解显然与道教乃至一般理解都不相容。在具体的修养功夫上，也只是主张"安心于无"，修各种"空观"（观虚无成就了万物），参禅忘世，要求"超乎生死

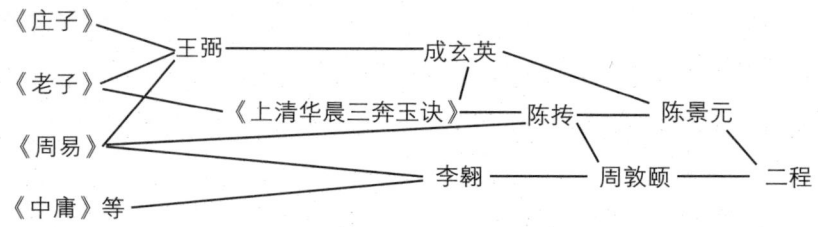

儒道性命境界思想相互影响示意图

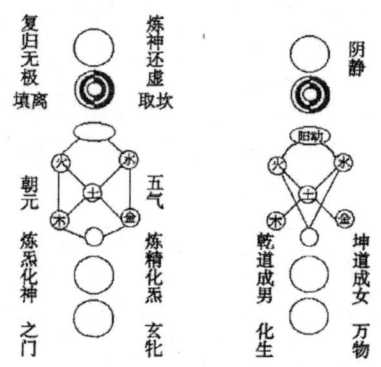

无极图（左）与太极图（右）

之外"。佛教以空寂为根本，这是与道教不一样的。如张伯端诗云："释氏教人修极乐，只缘极乐是金方。大都色相惟兹实，余者非真漫度量。"认为佛教之所以主张西方极乐世界，在于西方极乐实际乃是金丹的譬喻；唯有成就金丹大药，可谓永久之质，其余都是虚假不可依凭的。道教也谈"空"，但所谈"空非寂灭之谓，乃因物付物，随方就圆，以无心应之也"（刘一明《悟真直指》），只是一种因应之道的认识方法。以佛解老者并不是道教的"内解"，注老归禅者也不是道教的立场。

从此也可以看出，道教有自己的理论内核，既有"贯穿心性感通道体的内容"，致力于精神境界的提升，又不拘泥于以心性通道，贯彻了行气炼形的内容，从而呈现出作为中国本土宗教的特色（参看李大华《隋唐时期的道教内丹学》）。

《道德经》刻石与写本

《道德经》在流传过程中,由于统治者的宣传需要,或信仰者的宗教活动,以及历代文人的喜好,形成了众多碑刻本和写经本。这些在一般的经典传播贡献之外,造就了璀璨的书法艺术。道家精神对传统艺术有细雨润物般的影响,《道德经》与书法艺术的关系更是一个令人探讨不绝的话题。

碑幢刻石

刻经始于东汉。东汉灵帝熹平四年（175）至东汉光和六年（183），蔡邕等参校各家诸体文字用朱笔以隶书体刻石碑四十六座，碑文约二十万字，立于洛阳太学。这是中国历史上刊刻最早的一部石经。因用隶书这一种书体刻成，所以又称"一体石经"，与魏正始年间所刻《正始石经》（三体石经，分古文、小篆、隶书三体书写）以及唐文宗开成二年（837）所刻《开成石经》并列为古代著名的三大石经。

道教刻经始于唐，历经宋元，以唐为最盛。开元二十一年（733）正月，唐玄宗御注《道德经》后下敕，"令士庶家藏《老子》一本"，每年科考，"量减《尚书》《论语》两条策，加《老子》策"。开元二十三年九月，唐玄宗纳右检校道门威仪、龙兴观道士

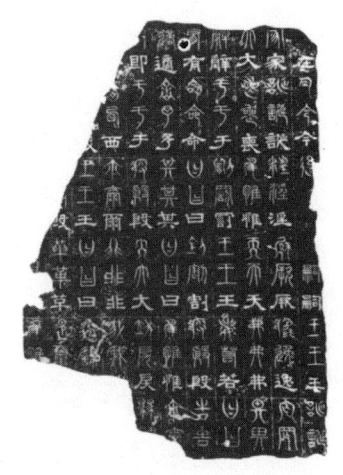

曹魏正始石经

司马秀奏请，命"两京及天下应修官斋等州，取尊法物，各于本州一大观造立石台，刊勒经注。及天下诸观并令开讲"。唐代，春、秋、冬季的一定时期，官府都会出面组织斋会，其中以春秋官斋最重要。《日知录》考订，《册府元龟》载开元二十二年十月敕曰："道家三元，诚有科诫……是日并停宰杀渔猎等，兼肉料食。自今以后，两都及天下诸州，每年正月、七月、十月元日，起十三至十五，兼宜禁断。"这是后世"三官斋"的来源。综合来看，唐玄宗下旨，令天下各州取一大型宫观在三官日（也有其他官斋日）要立御注本道德经碑刻，并且讲论《道德经》御注本。从此，各地纷纷刻石刊行。现存或已知的唐代石经，包括易州、成都、阌乡县（今属河南省灵宝市）、怀州（今河南省泌阳市）、邢州、荆州、明州（今浙江省宁波市）、苏州、襄州、涡口等石刻本，多是开元二十四年至二十七年间由各地官府刻立的（详细考证见王重民《道德经碑幢刻石考》一文）。由于是唐玄宗颁旨刊行，邢州本题"御撰御书"，怀州本题庆王"综及皇太子绍等奉敕书"，规格都比较高。字体楷书、行草、八分书等都有。最著名的历史上也多次混淆的是易州本和邢州本。

易州（现河北省易县）御注《道德经》幢初建在易州城西关外开元观，著名书法家、易州录事苏灵芝书，碑高约6米，八角柱体，瓦垄飞檐，十分精美。八面刻字，题作"太上玄元皇帝道德经，大唐开元神武皇帝注"，末书"开元廿六年岁次戊寅十月乙丑朔八日壬申奉敕建"。经文每面11行，每行13字；注文小字双行，每行26字；第八面刊剩余60字及各官员姓名。宋代易州知州张孝祥将其移至城内龙兴观，清乾嘉年间王昶在《金石萃编》中对其有翔实的校订，同治十二年，易州大风，经幢被刮倒摔成三截；"文革"时期，被当作射击靶子，遭到破坏。

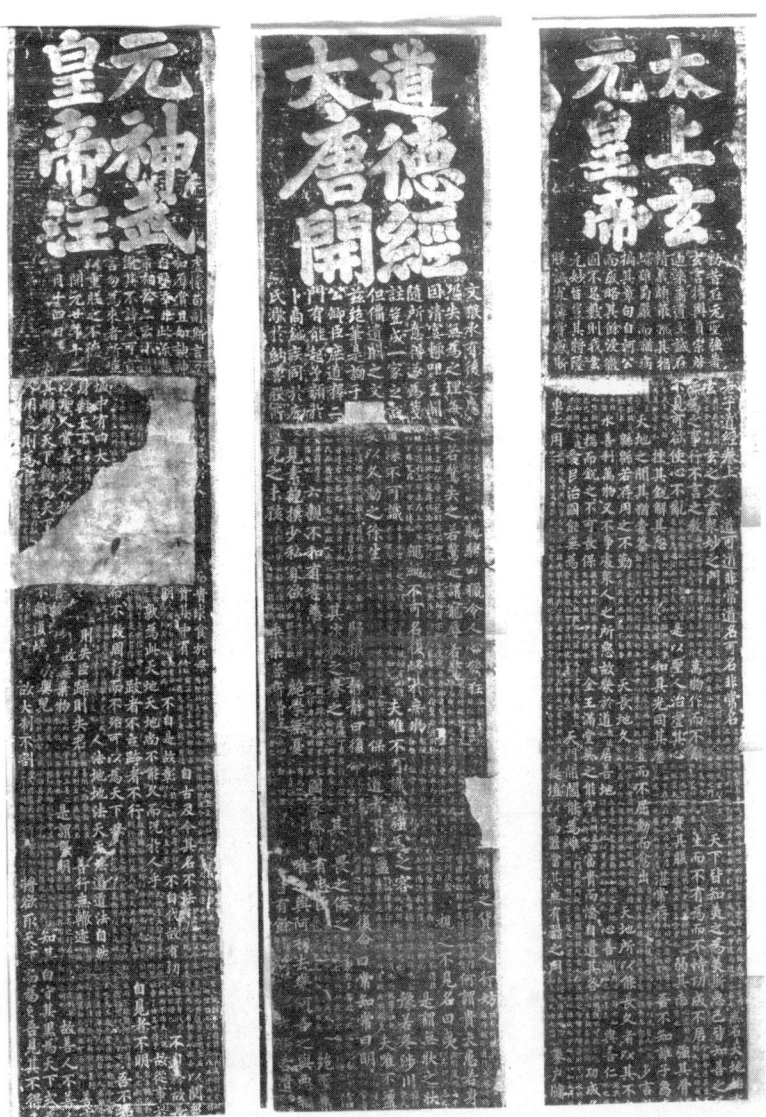

易州龙兴观碑拓片（前三面上部）

邢州（今河北省邢台市）御注《道德经》幢（习称道德经台）初建在邢州龙兴观，开元二十七年邢州刺史李质造。此观几经兴废，此经幢也一度被疑遗失，最终重见天日。经幢高6.89米，八角柱体，碑额阳刻篆书"大唐开元圣文神武皇帝注道德经一部"，八面刻字，一至七面刻《道德经》御注本，褚遂良书，第八面刻落款及宋端拱元年等重修记文。经前有唐玄宗敕书。"文革"时也遭到严重破坏，后移到清风楼后小花园内，现在邢台南长街办事处后院内。

不过，开元年间的石经并不是最早的刻石。开元之前，中宗景龙二年（708）二月，易州龙兴观已刻有《道德经》碑一通。此碑楷书，两面刻字，是最早的道德经刻石，文字与传世诸多版本都有出入，如通行本第十五章"豫兮若冬涉川，犹兮若畏四邻；俨兮其若客，涣兮若冰之将释；敦兮其若朴，旷兮其若谷，浑兮其若浊"，景

邢州御注道德经幢

龙碑写作"豫若冬涉川，犹若畏四邻；俨若客，涣若冰将释；敦若朴，混若浊，旷若谷"。第三十五章"道之出口，淡乎其无味"，景龙碑写作"道出言，淡无味"。部分与出土的《老子想尔注》、敦煌文书相同，所以有很高的校勘价值。严可均《铁桥金石跋》称："世间真旧本，必以景龙碑为最。其异同数百事，文谊简古，远胜今本者甚多。"另有路工访得唐太宗贞观年间虞世南校写、武则天神功元年刻石的《道德经》拓本，但受到质疑，真伪未定。开元之后，唐代还有唐懿宗咸通年间《道德经》碑，在广安紫极观；唐僖宗广明元年十一月《道德经》幢，在丹徒焦山；唐昭宗景福二年七月《道德经》碑，在易州龙兴观；唐昭宗景福二年十一月《道德经》碑，在易州。开元之后的唐碑，除景福、广明属于河上公本外，其余都是御注本。

宋真宗至宋仁宗时期，庆州（今甘肃省庆阳市）曾在天庆观立有《道德经》幢。宋真宗大中祥符八年（1015），桂州观察使康继谟知庆州时提议创刻，但未及施行即离任；后经三位知州经管，到宋仁宗景祐四年（1037）由知州康德舆完成。此经幢一对，通高3.52米，上有两层出檐，内有老子像；幢体八面刻字，每面阴刻6行文字，每行76字，现存庆阳博物馆。宋徽宗重和元年（1118）八月戊午，朝散郎新知兖州王纯奏请学者治宋徽宗御注本，并从中出题科考。宋徽宗当即准奏，三天后下诏全国颁行，并称"昨所注《道德经》，可规仿唐制，命大臣分章句书写，刻石于在京神霄玉清万寿宫"。即仿效唐玄宗的做法，刻石颁行。据郭畀《云山日记》，吴山玄妙观内曾有宋高宗御书《道德经》石刻经幢。此经幢立于绍兴六年（1136），这年宋高宗下旨重修吴山玄妙观，并亲书《道德经》。而宋宁宗时，张亨泉曾得到苏辙《道德经注》手本，刻石于四川眉州蟆颐山东老翁泉。

元世祖至元二十七年（1290），岁次庚寅，天乐道人李道谦奉命祭祀岳渎，驻在终南山重阳宫，因喜爱高翱（字文举）的古篆，取其所书《道德经》，为之刻石。二十八年，李道谦用隶书作题跋，次年，张志辅等又有题记。此碑共两通，螭首方趺，高3.3米，四面共99行，每行54或55字，共5263字。碑阳篆额"古老子"三字，全文系高翱根据《古文韵海》（已佚）缀辑而成。元成宗大德三年（1299），崇义大师等于宝鸡磻溪宫立《道德经》幢，上有浮雕像4尊，幢高近3米，八面刻字。楼观台另有元刻楷书《道德经》碑两通，又称大宗圣宫本，年代不详，作者不详。"道经"碑高3米，分8段，每段38行，每行10字；"德经"碑高2.7米，分7段，每段38行，每行10字。

赵孟頫所书多种《道德经》曾多次上石。

碑刻中，唐碑保存至今完好者有景龙碑、开元御注易州本与邢州本、景福二年七月碑，宋碑存一，元碑都在。与碑刻经幢类似的是摩崖石刻，《道德经》摩崖石刻以山东文登市昆嵛山的圣经山月牙石石刻最为著名。圣经山为昆嵛山主峰，其月牙石高6米，长16米，石上颜体楷书阴刻《道德经》，连同附记共六千余字，字径5～8厘米不等，古拙苍润，为金元之际马钰祖师集财力所刻。

楼观台古老子碑阳面拓片

敦煌经卷

《道德经》作为玄门首经,被尊为丹经之祖,历来为道门内外各界人士所重视。除官民勒石以广传布外,写经这一重要的中国本土宗教活动亦被运用于《道德经》的传习过程中。敦煌写本是极具校勘和艺术价值的《道德经》版本,残卷散见于各地,为数颇多。对于敦煌道经,陈国符先生、吉冈义丰和大渊忍尔教授等对此有过研究,王卡教授结合这些成果撰成《敦煌道教文献研究:综述·目录·索引》一书,对道教文献学来说,这是一部基础性的目录学研究专著。以下依据该书,对敦煌道经中有关《道德经》的内容做一简介。

从1907年起,英籍匈牙利人斯坦因、法国人伯希和等陆续前往敦煌,将敦煌卷子盗往国外,使之流失于英、法、日、俄等国。敦煌道经分藏在世界各地,主要馆藏及其编号一般为英国国家图书馆藏斯坦因所获汉文写本(S.)、法国国家图书馆藏伯希和所获汉文写本(P.)、俄罗斯圣彼得堡东方研究所藏奥登堡所获汉文写本(Дх)、中国国家图书馆藏汉文写本(BD),等等。所存《道德经》版本,除五千文本和白文本(无注本)外,还有河上公本、唐玄宗御注御疏,

伯希和挑选经卷

斯坦因搬出的经卷

以及八种汉末至唐代的注本，包括早期天师道的基本文献《老子想尔注》（S.6825）、《老子节解》（S.6228v），何晏的《老子道德论》（BD14649+14738），顾欢的《老子义疏》（S.4430），重玄学著作佚名《老子道德经义疏》（S.6044+ BD14677）、颜师古《玄言新记明老部》（P.2462）、李荣注（P.2594+2864+ S.2060+P.3237+2577+3277）、成玄英《老子道德经开题序诀义疏》（P.2353、2517）。这些连同宋文明《道德义渊》（BD6097、S.1438）、佚名氏《辩道释名论》（S.9846+P.2390）、《玄门大论道德义》（S.8289+9443+9431+6245）、王玄览《道德经义论难》（BD4687）等一度亡佚的文献借此得以保存下来。

《敦煌道教文献研究》对有关《道德经》的敦煌写本包括《玄门大论道德义》《道德经义论难》等一共著录了90余件，并将其中66件缀合为19件文献。更重要的是将425件敦煌写本以及大谷文书缀合为138件78种文献（统计中，诸如五千文作为一种文献，如若再分甲、乙本，则种类更多）。缀合写本残卷，既需要谙熟各种经典，又需要对全部抄本的字体、规格、纸张了然于胸，有时还要在只言片纸中发现联系，做出判定，是极需要文献学功底的。

五千文本，因为是系师张鲁据河上公本删定而成，故称"系师定本"；因张鲁降曹后被封为镇南将军，又被称为"张镇南古本"；又因葛玄为之撰序诀，称为"葛本"。敦煌写经五千文本分甲（标明字数）、乙（不标字数）两种文本。两种文本都由序诀、道经、德经、受五千文盟誓词、《十戒经》及受戒盟文组成，但甲本（S.6453等）在每章末都用小字标明本章字数，并在第八十一章后有四行题记："道经卅七章二千一百八十四字，德经卅四章二千八百一十五字，五千文上下二卷合八十一章四千九百九十九字，太极左仙公序系师定河上真人章句。"全文之所以是4999字，是由于第十一章"三十"两字被写成了"卅"。

S.6454《十戒经》抄本

乙本没有章末字数及四行题记。

《道德经》白文本是五千文本之外的无注本，又分两种，一种是道经、德经上下各一卷，一种是道经、德经上下各两卷。敦煌写本目前所见共有6件，都是残本。白文本反映了《道德经》流传过程中形成的文字差异，唐傅奕校订时即存在5540字、5555字、5590字、5722字等的不同版本。

河上公本有4件，S.0477与S.3926是同一抄本的两部分，但中间

白文本甲本S.6453尾部

已不能连贯，遗失近二十章的内容。S.4681v 与 P.2639 可以缀合，背面写有《大乘稻芊经疏》。著名的 S.6825《老子想尔注》残抄本写于南北朝末，背面写有佛经《大毗婆沙论》。这些都反映出敦煌道经有些是被僧人用作抄写佛经纸张的。各注疏本中，有与五千文不同的分篇，就是据葛洪改定的分篇分章法。S.4681v 与 P.2639 缀合后可知，该抄本原件分上篇道经上下卷三十六章、下篇德经上下卷四十五章，首题"老子德经下"，小字"卷下。河上公章句，凡四十五章。德经法地，地在下，故德经为下。地有五行，五九册五，故册五章。事尽为章，义连为句"。分篇方法取自葛洪，体现了当时普遍的术数观点。缀合后的李荣注本也采用了相同的分篇方法。佚名《老子道德经义疏》（S.6044+ BD14677）也是如此，不过开题序例中有对分篇依据的更复杂的论证，以三十六对应二十八宿与八风，以四十五对应二十四气、十二辰与九州。但不论如何分篇，《易经》天地数的观念是得以贯彻的。

敦煌写本主要是为了教团自身传承和诵习经教的需要。道教自南北朝体系化清整以后形成了系统的传经授箓制度，并于隋唐之际趋于完善。不同道派或品级的法师及弟子授受和传习不同的经戒法箓，并举行相应的传度盟誓仪式。大致而言，唐代道士初入道授清信戒律、正一盟威法箓，下一步即授太玄部道德经箓，然后才依次授洞渊神咒、洞神三皇、洞玄灵宝、洞真上清各级经箓。敦煌本《道德经》很多可能都是用于传授太玄部道德经箓仪式的。据小林正美研究，唐代实行僧道授田制度，起初道士通《三皇经》者授田三十亩，后由于《三皇经》被焚，唐太宗改以道士通《道德经》者授田三十亩。授受经箓所传《道德经》是五千文本，前加葛玄序诀，后附《十戒经》。敦煌写本中，这套文本多达 50 件，时间跨度可确定的从唐中宗景龙三年（709）至唐肃宗至德二年（757），吐蕃和归义军时期取消授田制以后再无相关文书。道士授经之后则须诵习经典，以进行宗教修持。据《传授经戒仪注诀》第四《书经法》、《太霄琅书琼文帝章诀·书经诀》、《洞玄灵宝三洞奉道科戒营始》卷五等科仪书的记载，道士受法之后，必须重新誊写经卷，精心校订，一则与师父交换手卷，一则用以静室供养，一则用以研习。这也是敦煌五千文抄本众多的原因。其他如抄写河上公本、《老子想尔注》是因为它们是太玄部经的基本经典，道士必须借其通晓《道德经》的义理，包括理身、理国两方面；抄写《老子节解》则是要修持其中的存思冥想道法；而李荣注、成玄英义疏的抄写主要是为了诵习、理解、研读的需要，以提高自身的理论素养，个中缘由也与佛道论争有关。王卡教授拟定的《道德经义论难》，主要以主客问答的形式对所树立的《道德经》经义论题展开辩论，与《古今佛道论衡》记载的唐高宗时佛道双方辩论的议题和竖义论难的方法极为相似。这反映出当时论争一方的道士是很有理论素养的，而这种理论修养主要来自重玄学的训练。这从一个侧面反映了重玄学的重要地位。

从国家政令的角度来看，敦煌写本有相当一部分是响应唐政府文化政策的举动。从陆修静奉宋明帝之命撰《三洞经书目录》起，道经即开始结集。隋代，官方道场玄都观（玄都玄坛）已整理校写道经。唐初，道经汇聚成"藏"，称为"一切道经"或"一切经"。唐玄宗于开元初年下令编修道藏，天宝年间诏令各地传写。敦煌道经中很多是唐代官修道藏的写本或转写本。如P.3725《唐玄宗老子道德经注》抄本是国子监监生于开元二十三年抄写的官方文本，Дx1111+1113《老子道德经五千文》则是天宝七年诏令天下诸道分送转写的道藏本。此外，有一部分抄本可能是当时学校使用的教材。由于武则天的推动，唐高宗上元二年（675）下令王公百官皆习《老子》，每年贡士的明经考试加试之。武则天长寿二年停罢，唐中宗神龙元年恢复，唐玄宗开元二十九年于诸州置道学，设道举。而学校中，据 P.2721/1《杂抄一卷并序》记载，习《老子》即用河上公注。唐玄宗御注疏颁行后，也曾作为学校教材。

普通信众抄写或请人代为抄写经典，主要是为了治病消灾、超度亡灵。这种写经主要是抄写《太玄真一本际经》，会涉及《道德经》等其他经书。《上清太极隐注玉经宝诀》说，不拘什么人群，只要诵习五千文，"随意所求，无有拘碍；送死养生，馨无不宜也"，即诵习《道德经》具有为生者祈福、为亡者追荐的功德。《旧唐书》卷九十五记载，开元十四年，李范病死，唐玄宗"为之追福，手写《老

唐高宗或武后为悼念"孝敬皇帝"（太子李弘）病逝而敕令抄写的《一切道经序》（S.1513）

子经》"。普通信众抄经供养、诵习总是伴随着实际的目的。西汉出土的《老子》经典很可能已是这种观念的反映。

  经书的规格样式，主要是在麻黄纸上做乌丝栏格，卷轴装，分帙包裹，依据《三洞奉道科戒经》的要求保存。麻黄纸系由染潢工艺得来，防蛀，而且可以提升写经的品格（这与道教教义有关，黄色为中央之色，位尊；佛经用黄纸的少）。从监校人名来看，抄写敦煌道经的人有官员、国子监学生（主要是官方写本），较多的是道士。但根据敦煌写经的一般情况，更多的应该是经生。经生亦称写生或书手，绝大多数是功名场上的失意者。他们为人抄录经卷或重要文件糊口，形成一种行业，官属经生隶属于秘书省、门下省、弘文馆等机构。据《宣和书谱》记载，经生写作时"修整自持"，"数千字终始如一律，不失行次"，"一波三折，笔之势亦自不苟。岂其意与笔正，特见严谨，亦可嘉矣"。以此形成所谓的"写经体"。写经体随时代而异，主要指称汉字自隶变至唐楷演变过程中的字体。就行款规格而言，唐代已形成固定的抄经制式，每纸25行（一行系一个乌丝格栏），每行17字；所抄五千文本和白文本，基本是标准写经每行17字，因笔画繁简和字体大小稍有出入，少者16字，多不过19字。注疏本因为同时有经文与注文，有经文注文连书的，也有经注相间的，注文双行在一个乌丝格栏内。除《老子想尔注》接近隶体、S.4430为行书外，楷体字书写的较多。用字主要是正字，有少量俗字，主要是沿用习惯的写法。为求速度，会用到重文符（々、 等）；书写错误时在错讹处右侧或直接补出正确用字，或标注删省符（卜、 等）；抄写颠倒则用倒乙符。整体来看，"道家经典，据……巴黎、伦敦两处卷子本来说，其纸质墨色字迹都普遍的比较任何一种写本精良，而尤以《道德经》五千言为最"（姜亮夫《敦煌》）。

名士写经

敦煌经卷是六朝隋唐写经活动的重要见证，其写作也构成了中国本土宗教写经史的一个重要方面：普通信众或职业抄经人写经。这种写经主要是为了给宗教活动提供经典，或为了供养经卷以获取功德。普通信众写经重在"经"而不在"写"，看重的是经书的复制而不是复制的形式或手段；职业抄经人写经则有职业化的取向，写手往往采用一种套路，即"写经体"。除普通信众或职业抄经人写经外，历代书法名家也多有书写《道德经》的举动。书法家写经的目的更为多样，或为自身信仰的需要，或出于他人请求，抑或出于纯粹的书法创作。名家写经既重在"经"，又重在"写"，经书本身的知名度和书法家的书法艺术是兼受重视的。《道德经》因其在中国传统文化中的基础性地位和道教的推崇，成为历代书法名家写经的重要内容。

其中，所写《道德经》在书法史上有相当影响和地位的大家巨匠有如下诸位：晋代，王羲之曾写《道德经》；唐代，徐浩（徐季海）写有《道德经》部分章节，董其昌在其《戏鸿堂法书》中收录有徐浩所写《道德经》第二章，并附有自己的题跋。欧阳询临摹王羲之《道德经》法帖，丰坊的《书诀》有记载，并称摹写欧阳询《道德经》是学习欧体的升华阶段。褚遂良有小楷《道德经》，并附有阎立本绘图。奉礼郎张钦元、玄靖先生李含光（上清派宗师）都写有《道德经》。宋代，宋徽宗有小楷《道德经》。宋高宗、米芾写有《道德经》语句，《净云枝藏帖》卷一称，"米芾《老子》知不知上起，至木强则拱止"，现收入《群玉堂帖》。蒲云有小楷《道德经》。元代，赵孟頫多次书写《道德经》，鲜于枢有《楷书老子道德经卷》，吴叡有《隶书老子道德经卷》。明代，祝枝山应唐伯虎之请有小楷《道德经》长卷，文征明有小楷《道德经》，其侄文伯仁有绢本小楷《道德经》长卷。《书诀》记载，无锡人朱云善写《道德经》等道经，而同时期集董其昌书帖的《铜龙馆帖》则称其中有《老子》，可见董其昌也写《道德经》。清代，

吴叡《隶书老子道德经卷》卷首

何绍基善以篆书写《道德经》，名臣高士奇曾于康熙二十八年（1689）得到董其昌书写的"道德经""破诗跋""古松诗"墨迹一卷，取名"金沙帖"。其他书法家写《道德经》而未有大名望的更在多数。

写经换鹅

王羲之，字逸少，号澹斋，原籍琅邪（今属山东省临沂市）。幼年随司马氏南渡，居于山阴（今浙江省绍兴市）。起家秘书郎，后官拜右军将军、会稽内史，人称王右军，后世尊为书圣。

王羲之像

从王羲之的家世及所处时代背景看，他是持有《道德经》的。从时代背景来看，两晋时期，玄风正盛。西晋时，玄学以王弼注《老子》为兴盛的标志，羊祜作《老子传》；东晋情形不减，虽然在表现形式上以佛玄为主，但正如道安在《鼻奈耶序》中所说："以斯邦人老庄教行，与方等经兼忘相似，故因风易行也。""方等经"就是佛经的代称，大乘佛教称自己的经典是"宣说广大平等之义理之经典"，所以称之为"方等经"。兼忘，此处是指佛经中关于真谛、俗谛与中观的关系理论。也就是说，东晋时期，佛学之所以取得形式上的优势，正是借助于老庄之学即《道德经》《庄子》思想的兴盛以及佛学与老庄之学的相近而形成的。玄学之盛，上至皇室，遍及干臣、世家大族。在王羲之周围，聚集了诸如简文帝、孙绰、殷浩、支道林等一批谈玄家，其中殷浩更是以谈论《老子》闻名，即便被流放仍讲论不辍；而且王羲之作为琅邪王氏后裔，与泰山羊氏（羊祜所属世族）关系密切，在这样的时代背景下，受到玄学影响也是情理之中事，自然熟谙《道德经》。

从家世背景来看，琅邪王氏世家信奉天师道。《晋书》本传记载"王氏世事张氏五斗米道"。张氏五斗米道即天师张道陵所创立的五斗米道，是道教最早的宗教组织形态之一。五斗米道创立后，在汉中一代被张鲁发展壮大。曹操统一蜀地后，五斗米道随张鲁北迁，逐步演变为天师道。陈寅恪先生在《天师道与滨海地域之关系》一文中指出，"琅邪王氏子孙之为五斗米教徒，必其地域薰习，家世遗传，由来已久"。王羲之与其后辈名字中的"之"字是其信奉天师道的明证。王羲之次子王凝之对天师道的信奉甚至达到非理智的地步，在孙恩攻克会稽时，竟然不设防，而是"入靖室请祷"，乞求得到鬼兵相助，最后被孙恩所害。王献之临终时同样按照天师道方法上章"首过"，即忏悔。在王羲之妻族中，《晋书》明确记载"郗愔及弟昙奉天师道"，郗昙去世后，郗愔"与姊夫王羲之、高士许询并有迈世之风，俱栖心绝谷，修黄老之术"。可知，王羲之信奉天师道是确切无疑的。而五斗米道自创立之初即传授《老子想尔注》，教导徒众遵守"想尔诫"；天师道发展起来后，更以《道德经》为基本经典。《道德经》对王羲之思想的影响也是很具体的。王羲之在父母墓前作《誓墓文》说自己"每仰咏老氏、周任之诫"，可见他确实以《道德经》作为自己的生活和处世准则。《法书要录》记载有王羲之与友人的一份书信，其中说："省示，知足下奉法转到胜理极此，此故荡涤尘垢，研遣滞虑，可谓尽矣，无以复加。……吾所奉设，教意政同，但为形迹小异耳。方欲尽心此事，所以重增辞世之笃。今虽形系于俗，诚心终日，常在于此。"意思是说，自己极欲修习老子"涤除玄览"的道法，也就更增添了摆脱俗世的念头，虽然自己还在俗世之中，但每每怀念的还是这种想法。

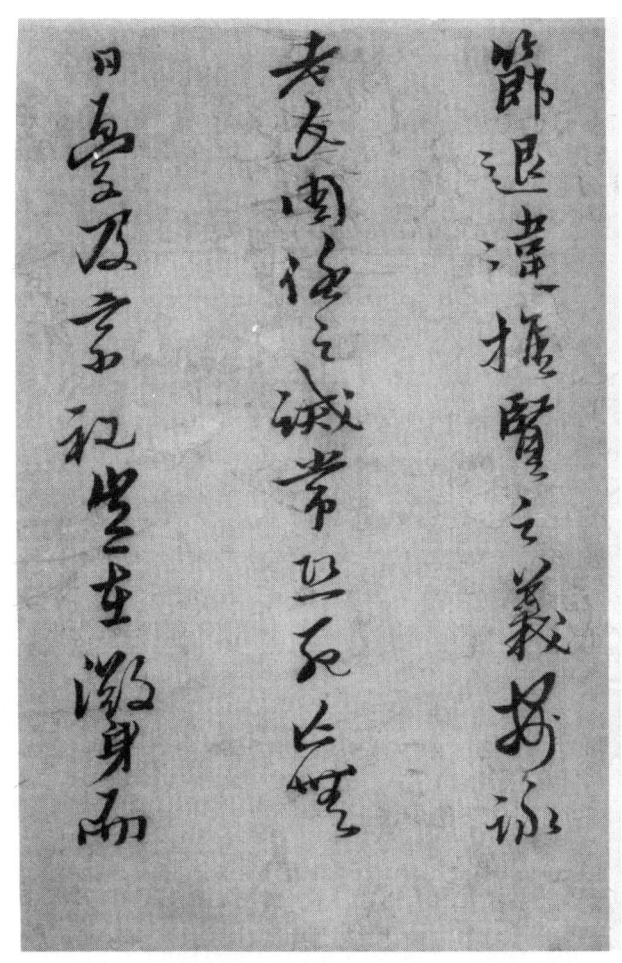

黄道周《临王羲之誓墓文》局部：（进无忠孝之）节，退违推贤之义，每仰咏老氏、周任之诫，常恐死亡无日，忧及宗祀，岂在微身而（已）！

王羲之咏诵《道德经》，其用意主要有两个方面。其一是作为玄学方面的追求，追求老子无为清静的思想境界。魏晋玄学之所以盛行的一个重要原因，是六朝时意识形态领域人的觉醒，人们开始在生命的意义上肯定并追求自身的价值。王羲之在《兰亭集序》中说："虽趣舍万殊，静躁不同，当其欣于所遇，暂得于己，快然自足，不知老之将至。"王羲之对生命流逝有深刻的感受，《右军书记》中有很多关于自身及族人疾患、夭殇、别离、年岁流逝的慨叹，也表达了对严君平、班嗣、杨王孙等人处世的仰羡。严君平是西汉《老子指归》的作者，班嗣以逃离世俗、独乐丘壑的言论闻名，杨王孙以致力养生、倡导归真获得令名。王羲之表示愿"常依陆贾、班嗣、杨王孙之处世，甚欲希风数子"，说明他拥有"崇高怀道""心神超越"的追求，追求玄远，重视超脱，向往清虚淡泊的生活。其在《兰亭集序》中所言显然是对《道德经》第二十三、二十六、四十五诸章思想的阐发。

从其对严君平等人的仰羡来看，王羲之对《道德经》的理解显然并非耽于谈玄。汤用彤先生在《魏晋玄学流派略论》中指出："汉代偏重天地运行之物理……魏晋贵谈有无之玄致。二者虽均尝托始于老子，然前者常不免依物象数理之消息盈虚，言天道，合人事；后者建言大道之玄远无朕，而不执着于实物，凡阴阳五行以及象数之谈，遂均废置不用。"也就是说，汉代解读《道德经》更偏重于物理论、宇宙发生论角度，而玄学则完全从本体论的角度切入，主要是就哲学概念进行逻辑探究，很少与现实世界发生联系。严君平著《老子指归》就是汉代老学的代表。王羲之之所以看重汉代黄老人物，实在是与他对生命的思索有关。面对具体的生命个体，一个人又怎么会仅仅关注那些玄远的名词，而对自身及所处的环境没有思考呢？从中也就引发出王羲之咏诵《道德经》的另一个，也是主要的一个面向，这就是把《道德经》作为道法修习的根本经典。

汉代黄老道家的一个重要特征就是重视养生，从《黄帝四经》开始，马王堆帛书《养生方》继其后，黄老道家的养生理论在汉代迅速发展起来,《汉书·艺文志》记载有医经七家,二百一十六卷;经方十一家,二百七十四卷;房中八家,一百八十六卷;神仙十家,二百零五卷,遍涉医药、食疗等方面。在这种时代氛围下,老子及其《道德经》也被从养生求仙的角度大加解释,《老子道德经河上公章句》如此,《老子想尔注》也是如此。东汉时,边韶著《老子铭》说老子留下《道德经》一书,他能够"守一不失……绝嗜去欲,还归于婴",清静无为,能够采食或存想日月、五星,能够存想上下丹田即"出入丹庐,上下黄庭",等等。东汉开始,以老子为名的炼养著作大量出世,如《老子中经》等。至西晋时期,与老子相关的多种道术出现在葛洪《抱朴子》一书中,如《老子篇中记》经书、老子金液口诀各种丹诀、老子领中符各种符书,等等。老子及其《道德经》在养生道法方面的地位一再被尊崇,《正一法文天师教戒科经》就说:"《黄庭》三灵七言,皆训喻本经,为《道德》之光华。"就是说,像《黄庭经》这些存想三部八景身神之类的经书,都是为了解释《道德经》,是对《道德经》思想的发挥。王羲之在天师道的传统下修习各种方术,《晋书》本传说他"与道士许迈共修服食,采药石不远千里,遍游东中诸郡,穷诸名山,泛沧海"。无论采药服食、断谷食气,还是存神守一,对于王羲之来讲,都是《道德经》统领下的具体道术而已。王羲之躬自炼养,自然对这些经典都谙熟于心,写经自然不在话下。不过,却也因此产生了一段公案。

王羲之写的《黄庭经》流传至今,而他写作《道德经》也已成为流传千古的风流趣闻。《晋书·王羲之传》说:

> 山阴有一道士,养好鹅,羲之往观焉,意甚悦,固求市之。
> 道士云:"为写《道德经》,当举群相赠耳。"羲之欣然写毕,笼鹅而归,甚以为乐。

《王羲之玩鹅图》 〔宋〕马远

故事很简单,具体细节则见于南朝宋中书侍郎虞龢所作《论书表》。大致情节是:王羲之向来喜爱鹅,山阴昙礦村有一位道士养了十多只好鹅。王羲之清晨乘小船特意前往观看,非常喜爱,于是商量买下这群鹅。道士不肯卖,不论怎么说都不愿脱手。最后,道士说:"我求道多年,一直想写《老子道德经河上公章句》,书写材料早已置办齐备,只是没有人能写。府君您若是能屈尊书写《道德经》各两章,我便把这群鹅全部赠送。"王羲之于是停留半日,书写经书,写毕载鹅笼返回。

这则趣事本来很简单,但千百年来被不断演绎,并被当作一段公案充满了口舌论争。后来,关于他是写《道德经》换鹅还是写《黄庭经》换鹅引发了一段争论。起因是,至唐初,褚遂良撰《晋右军王羲之书目》,其中说:"第二《黄庭经》五十行与山阴道士。"后来,因李白《送宾客归越》诗句"山阴道士如相见,应写黄庭换白鹅"而引发争论。后世有人据此说王羲之没有用《道德经》换鹅,甚至说他没有写过《道德经》。千百年来,争论不断,但经王明先生《〈黄庭经〉考》一文疏证,事情已经辩明:王羲之分别写有《道德经》和《黄庭经》,且都曾付与山阴道士。褚遂良作为《晋书》的监修之一,不可能不知道事情原委,所以一件记于《晋书》中,一件记于《晋右军王羲之书目》中;李白也知道此是两件事,所以写有两首诗,另有《王右军》一诗专说王羲之写《道德经》得鹅之事。至开元年间,张怀瓘《书断》即断定此系两件事,予以同时著录。

不过,正是这山阴道士反映出王羲之写经的宗教背景。许迈给王羲之的信中说:"自山阴南至临安,多有金堂玉室、仙人芝草,左元放之徒,汉末诸得道者皆在焉。" 左元放即左慈,汉魏之际著名的方仙道道士。意思是说,从山阴往南至临安的海滨,有很多仙人居住的地方，也有很多灵药。于是，王羲之便辞官与许迈往来于"东中诸郡"，寻找服食灵药。正是在往来山阴的路上，王羲之写下了《道德经》和《黄庭经》，并传为千古美谈。只是其所写的《道德经》没有流传下来，自褚遂良开始就没有著录过，只是丰坊《书诀》提到有石扬休的刻石，并提到欧阳询有临摹的王羲之小楷《道德经》。

小知识◎东床坦腹

  归隐于山水园林，游弋钓娱，是魏晋风度的重要方面，反映了魏晋名流洒脱的人生态度。放浪形骸，佯狂自适，同样是魏晋风骨，反映的是魏晋人士旨在得"意"而忘"形"，追求心神超然无累。这两个方面在王羲之身上都有体现。王羲之因兰亭集会而留下千古名篇。辞官后，他"与东土人士尽山水之游，弋钓为娱"，足迹踏遍浙东名山胜景，泛舟为乐。从浙东返回后，又修筑了私家庄园，广植林木，繁盛时节率子抱孙游乐其中。任率不拘行迹，表现在王羲之身上，最著名的就是他东床待选的故事。

  《世说新语·雅量》说："郗太傅在京口，遣门生与王丞相书，求女婿。丞相语郗信：'君往东厢，任意选之。'门生归，白郗曰：'王家诸郎亦皆可嘉，闻来觅婿，咸自矜持。唯有一郎在东床上坦腹卧，如不闻。'郗公云：'正此好！'访之，乃逸少，因嫁女与焉。"

  郗太傅即郗太尉郗鉴，王丞相即东晋名臣王导。郗鉴遣门生往王家求婚，王家诸子侄听说后都表现得很矜持，只有王羲之舒展袒露身体斜卧在榻。后来，郗鉴即将女儿嫁与王羲之。东床袒腹，表现的正是王羲之任率、坦诚、拒绝伪饰的性情。时年，王羲之21岁。

赵孟頫写本

赵孟頫，字子昂，号松雪，别号水精宫道人、鸥波，中年曾作孟俯，吴兴（今浙江省湖州市）人，《元史》卷一百七十二有传。他是民间著名的八贤王赵德芳的后代，历代先祖或是王爷或是高官。赵孟頫初仕宋，在元代因身世显贵而被赠集贤殿侍读学士、太常礼仪院使，先后封吴兴郡公、魏国公。本传称他"才气英迈，神采焕发，如神仙中人"。谥号文敏。

赵孟頫作为元代著名书法家，"篆、籀、分、隶、真、行、草书，无不冠绝古今，遂以书名天下"（本传）。同时代的鲜于枢《困学斋集》称："子昂篆、隶、真、行、颠草为当代第一，小楷又为子昂诸书第一。"赵孟頫因为"旁通佛、

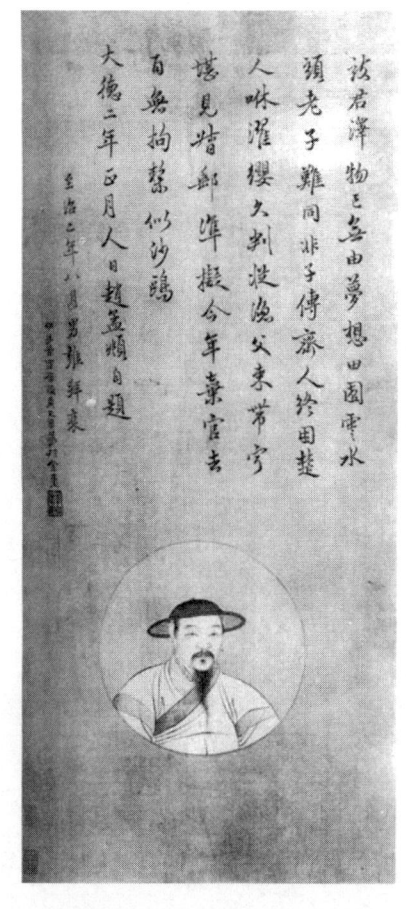

赵孟頫自题像

《道德经》刻石与写本 | 131

老之旨",一生写有大量经卷,道经中即有《黄庭经》《阴符经》《高上大洞玉经》《灵宝玉枢经》《参同契》和《道德经》等。这些经卷都是用工笔小楷写成的。启功说:"赵的长篇小楷,动辄成千累万的字,而首尾一致,精神贯注,说明他的写字功夫。"

至元二十三年(1286)一月一日,33岁的赵孟頫在吴兴为道士杜道坚作《老子像》及玄元十子像,并采诸家之言写成《老子传》等。杜道坚,字处逸,号南谷子,宋度宗时赐号辅教大师,住持计筹山升元报德观,元初入觐世祖,受命住持杭州宗阳宫。据《式古堂书画汇

赵孟頫作《老子像》

考·书考》卷十六《赵集贤南谷先生帖》记载，赵孟頫自幼即与杜道坚相识。此时，赵孟頫正赋闲在家，应杜道坚之请为之作《老子像》和《老子传》。赵孟頫非常敬重杜道坚，之后行江浙等处儒学提举时又与杜道坚同在杭州，行迹相仿。这年十一月，行台御史程文海奉命下江南搜访人才，赵孟頫与姐夫张伯淳等二十余人被荐应召。

赵孟頫入京后，受到元世祖的特殊礼遇，初任从五品兵部郎中，两年后任从四品集贤直学士。但宋宗室之后的身份使其受到蒙古贵臣的排挤，赵孟頫力求出任外官。至元二十九年（1292）六月，被命出任济南路总管府事。次年，至元三十年（1293）十二月，赵孟頫为李倜书《道德经》。李倜，字士弘，号员峤真逸，是元朝画家，同时善楷书。他喜欢道家言论，与赵孟頫为好友，向赵孟頫求写《道德经》。这时的赵孟頫谋求外任成功，"独署府事，随意决遣"，大有重获自由的心态。四十岁的他，书法艺术也已臻至境，"笔力极精妙，有未易形容者"（《佩文斋书画谱》卷七十九引《宋学士集》）。二人交情颇厚，但李倜自认在文艺上不能与赵孟頫相提并论，后来延祐年间每作一画，必求赵孟頫题识。

至元三十一年，元成宗即位，次年，改元元贞元年，因修《世祖实录》，召赵孟頫回京。因元廷内部权力斗争，赵孟頫借病乞归，回到吴兴。归隐期间，他时常到杭州，与鲜于枢、仇远、戴表元、邓文原等名士相聚，挥毫遣兴。《秘殿珠林初编》卷十五《元赵孟頫书道德经一册》记载，元贞二年（1296）仲夏，赵孟頫书《道德经》一册，共五十一页，素笺本，"款识云：元贞二年仲夏避暑山庄草堂书，吴兴赵孟頫。前有墨绢本泥金画《授经图》，款云：《授经图》，吴兴赵孟頫制"。

大德三年（1299），赵孟頫再次出仕，任集贤直学士行江浙等处儒学提举，"统诸路府州县学校、祭祀、教养钱粮之事及学校呈进著述文字"（《元史》卷九十一《百官七》），主管文化、教育事业，任所在杭州。任上，多为三教人士作画书碑，为四方人士所推举。经历了至元年间对道教的打击后，元廷这时也放宽了对道教的政策。据《紫微宫结瓦殿记》记载，大德四年，元成宗下诏沁州管民官杜丰夫妇雕印《道德经》一部。大德九年，免天下道士赋税。就在这一年，赵孟頫再次写《道德经》。《秘殿珠林初编》卷十六《元赵孟頫书道德经一卷》记载，这次所写系磁青笺本泥金小楷，卷前有泥金《老子授经图》，图上隶书老子小传，款识云："大德九年十月既望吴兴赵孟頫沐手敬画并书。"大德十一年十二月二十六日、二十七日，赵孟頫作小楷《太上玄元道德经》。此写本被茅绍之刻写。茅绍之别号"能静处士"，元顾阿瑛《题〈名迹录〉》诗序称他"从游松雪之门"，明王世贞《章篑谷墓志铭》称他是赵孟頫的门客。茅绍之非常能够理解赵孟頫的笔法，所以，赵孟頫"与人写碑，若非茅绍之刻则不书"（何良俊《四友斋书论》）。只有茅绍之所刻能反映赵孟頫用笔的古意。明代万历十七年，章藻获得此刻石的拓本，后于万历三十六年用双钩法摹刻，"蠹损数行，则集原本补刻完全"，收入《墨池堂选帖》卷五，附有章藻题跋。此帖现藏国家图书馆，首题《太上玄元道德经》，分上、下篇，落款："大德十一年岁在丁未十二月廿六七日吴兴赵孟頫书"，左下有赵氏子昂和松雪斋印。根据《松乡集》卷一《老子祠碑》所记，大德十一年杜道坚在杭州宗阳宫建成老子祠，"像设巍然，凡书存而言立"，"且图老子及十子像以翼其学"，即老子祠中有《道德经》并有老子像和尹喜、辛鈃等玄门十子像。《玄元十子图》说："集贤学士赵子昂本其有书有言者，作玄圣十子像，将使学者瞻其像而诵其言……大德丙午元日教门后学当涂杜道坚稽首恭书。"大德丙午是大德十年，所以，宗阳宫老子祠所画玄门十子像是赵孟頫于至元二十三年绘制的，所存《道德经》或为赵孟頫于大德九年所写，大德十一年年底作《太上玄元道德经》与此事应该也存在某种联系。坊间所传王羲之帖本附褚遂良题跋系以此本为依托作伪而成。

之前，大德十一年一月，元成宗去世，元武宗即位，封弟爱育黎拔力八达为皇太子，次年改元至大元年。至大三年（1310），因爱育黎拔力八达赏识，赵孟頫再次被召入京，在太子左右，拜集贤侍读学士、中奉大夫。次年，爱育黎拔力八达即位，是为元仁宗，五月，赵孟頫升集贤侍讲学士、中奉大夫。

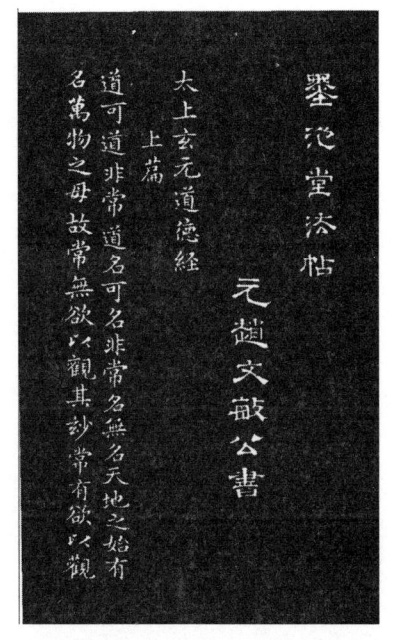

太上玄元道德经

次年，改元皇庆元年（1312）。这年夏天，赵孟頫蒙旨归吴兴为先人立碑，离京前为月江学士谭绍文题李公麟《老子授经图》并书行楷《道德经》于后。其题跋称：

> 壬子夏日，余养疴松雪斋中，适月江学士以李公麟所画《老子授经图》示余。余阅之，喜而忘倦。此图，宋思陵所宝爱，其后赐朱胜非，得流于人间世。玩之再四，不忍释手，真奇物也。学士复征余书五千言于后，意欲匹之。噫，人物自顾、陆而后，虽代不乏人，然有如公麟者，信为绝响。就

中老子据床而坐，安闲自得，眉睫鼻孔皆能动；一关尹肃容拜跪而恭敬竞业之意，依然在尺素间。至于布置之妙，运用之奇，又余技矣。而余书乌足以匹其万一哉？月江又为之固请，勉而塞责，虽手战弗工，不复论也。

皇庆二年（1313）春，赵孟頫返京，六月，拜翰林侍讲学士，知制诰同修国史，从二品，十一月，转集贤侍读学士、正奉大夫。《秘殿珠林初编》卷十六《元赵孟頫书道德经上下二卷合卷》称，这年春末，赵孟頫书《道德经》二卷，"宋笺本，小楷书。上卷金丝九十二行，款识云：皇庆二年岁在癸丑暮春之初，吴兴赵孟頫书……下卷金丝一百一十五行，款识云：癸丑四月集贤侍讲学士中奉大夫赵孟頫书"。前有圆光泥金老子像。据题款，此件曾被项元汴所藏，并有嘉靖四十三年丰坊的题跋。

元仁宗延祐元年十二月，赵孟頫迁集贤学士、资德大夫。延祐三年（1316）七月，赵孟頫晋身翰林学士承旨、荣禄大夫，知制诰兼修国史，从一品。这年三月，他再次书写《道德经》，并在卷首绘白描老子像。此次所写有墨迹本，称《老子道德经卷》，首题"老子"二字，卷末有"老子终"三字，落款："延祐三年岁在丙辰三月廿四五日为进之高士书于松雪斋，孟頫。"纸本，小楷，有乌丝栏，共345行、5341字，端丽秀逸，下笔无一点尘俗气，终篇无一晦笔，诚如文征明所云："小楷精绝，殆无遗恨。"原件上石后佚失或被火毁。有拓本存世。

其一，明代姚绶行书"松雪书道德经"六字引题，后为项元汴所藏，钤有"天籁阁""项叔子""神品""项子京家珍藏"等鉴藏印，陈继儒《泥古录》、汪砢玉《珊瑚网书跋》、卞永誉《式古堂书画汇考》、顾复《平生壮观》等书著录。现藏故宫博物院，纵24.3厘米，横153.3厘米。国家图书馆又藏有顾信摹勒吴世昌刻的《太上玄元道德经》初拓本，内容与《松雪书道德经》完全相同，帖心高24厘米，宽13厘米，帖尾刻："善夫顾信摹勒上石，姑苏吴世昌镌刻，延祐戊午十一月也。"顾信，字善夫，大德初年任浙江军器提举。他是赵孟頫好友，建造"墨妙亭"贮藏赵书"归去来兮"等大字行书碑。明李日华《六研斋二笔》说："信以能书称，从赵文敏公游，得其书，

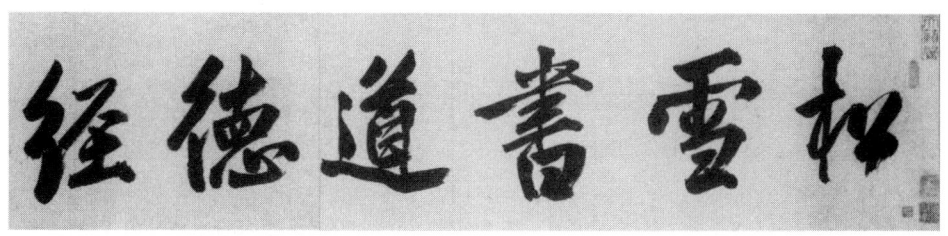

《松雪书道德经》引题

《松雪书道德经》局部

必镌于石，作亭匾曰墨妙。"可见他与茅绍之一样，都是跟随赵孟頫左右的人。延祐戊午是延祐五年，这一年顾信刻出《乐善堂帖》。明赵灵均《寒山金石林部目·元名人杂帖部》前二册收录赵孟頫帖十九种，包括了《乐善堂帖》收录的所有赵孟頫作品，其中未见《道德经》帖。延祐戊午的尾题见于《乐善堂帖》最后收录的赵孟頫与顾信的信札之后。而且，款署顾信的小楷《太上玄元道德经》楸木封面，剜裱册页装，只有近代藏书家章钰的题签"元刻元拓"云云，所以，此本实际是《松雪书道德经》的翻刻本，但将首题"老子"替换为"太上玄元道德经"（与大德十一年本用笔并不完全相同），将尾题"老子终"替换为《乐善堂帖》的尾题。

其二，清代乾嘉年间，两淮盐务总商兼两淮盐运使鲍淑芳（被友人比为玉山雅集主人顾阿瑛）家为"百年旧族，多蓄宋元书籍、法帖名画"，他于嘉庆元年精选唐宋以来书法墨迹珍品，以自己的书斋"安素轩"为名，汇编成《安素轩法帖》，为当时金石学家翁方纲、钱泳等推重。后聘请扬州著名刻工党锡龄勾摹镌刻，全部刻成于道光四年（1824），称为《安素轩石刻》。石刻中有赵孟頫款《道德经》，引题八分书"安素轩石刻"，次书"赵文敏书"，次有老子像，首题"老子"二字（右上有"赵"字印，左下有"大雅"印，仅此一处便较《松雪书道德经》少八枚鉴藏印），尾题"老子终"三字，内容、落款与《松雪书道德经》完全相同。显然，安素轩本和《松雪书道德经》是以同一墨迹本为底本的上石拓本。拓本显示原帖曾被项元汴、梁清标递藏。帖尾有鲍漱芳弟鲍勋茂的跋文以及道光二十四年刘恒卿刻石题名，说明此帖可能有单刻本传世。安素轩刻石现藏扬州佛教博物馆。清咸丰八年（1858），白云观道士孟豁一翻刻延祐三年写本，共十石，在北京白云观祠堂东西两壁，首刻《松雪斋道德经》和老子像，末附赵书《阴

《安素轩石刻》之《道德经》起首部分

符经》等，基本上与故宫藏本相同，只是首题处鉴藏印与安素轩本相同。

延祐六年（1319），赵孟頫护送妻子管道升灵柩回吴兴。《式古堂书画汇考·书考》卷十六"赵承旨书道德经卷"条记载，这年，赵孟頫楷书《道德经》，款署："延祐六年夏五月十九日吴兴赵孟頫谨制"，有万历十九年太原王稚登的题跋。墨林山人项元汴与其兄项笃寿曾收藏。当时赵孟頫多次致书中峰明本，极诉衷情，求其超度妻子亡灵，故此次所书《道德经》可能用于为亡妻追荐。

延祐七年正月，元英宗即位。七月，赵孟頫再书《道德经》。《大观录》卷八记载，此件为宋笺本，一共三幅，乌丝栏一百九十三行，"圆如指顶大，全学《乐毅论》端劲入妙"，即字体饱满，小楷，仿王羲之《乐毅论》笔法。首题"老子"，尾题"老子终"，款识："延祐七年孟秋七月望日，太上弟子吴兴赵孟頫为崔汝晋书于松雪斋。"崔汝晋时

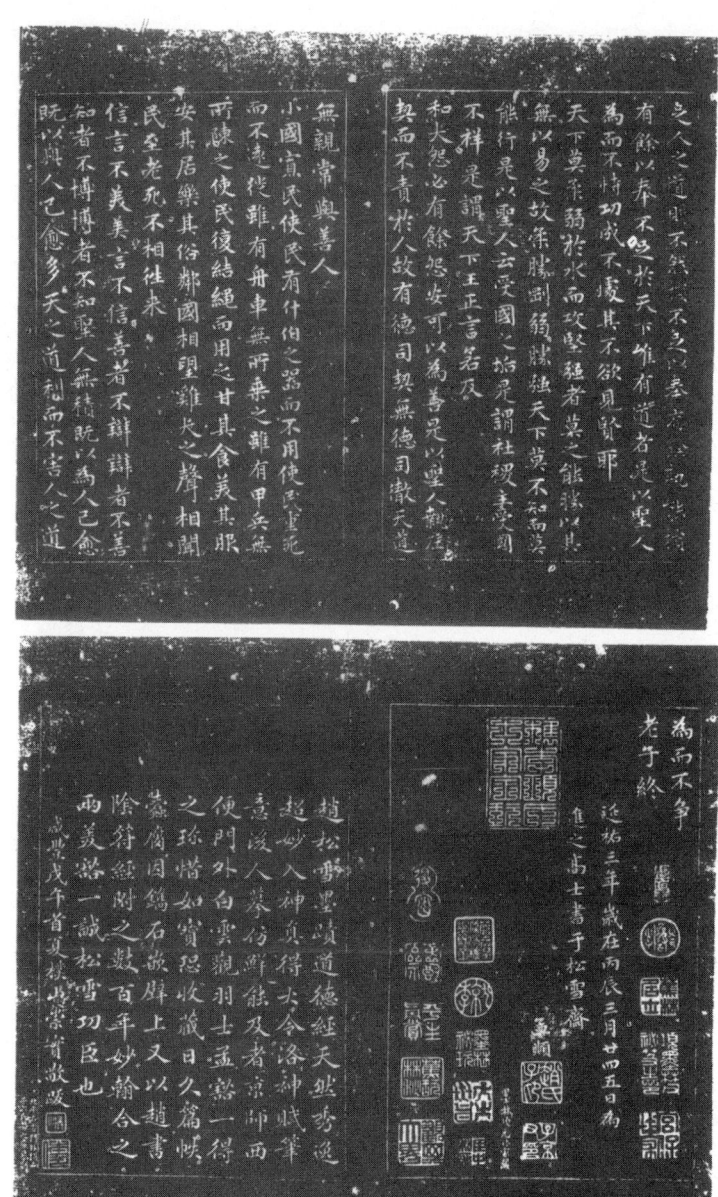

白云观石刻尾部

任西湖福神观提点。这年正月，赵孟𫖯为之书碑《杭州福神观记》，记录福神观修复的经过。所以这次所书《道德经》当是在福神观供奉的经书。时隔一年，即至治二年（1322），赵孟𫖯去世。

另，《秘殿珠林初编》卷十五编号"次等地二"著录了赵孟𫖯书《道德经》二册共六十三页，磁青笺本，泥金楷书，款署："弟子赵孟𫖯敬书"，前有泥金老子像，后有泥金徐甲像。但不明年代。同卷著录了至大三年所写《道德经》一册六十七章，卷十六著录了至大四年（辛亥闰七月）、延祐三年六月二十四日、延祐四年各写《道德经》一卷，款署职务与实际任职不符，可知均系伪作；卷十六编号"上等洪七"著录了至正元年的一卷，从年代即知系伪作。

赵孟𫖯的书法力追晋唐古意，除师法天师道信徒王羲之外，还取法上清宗师杨羲。而且，赵孟𫖯拥有虔诚的道教信仰，虞集跋延祐三年赵孟𫖯为石塘尊师胡长孺所书《高上大洞玉经》称，赵孟𫖯"尝亲授洞诀于茅山刘真人"，即从上清派第四十五代宗师刘大彬亲受《上清大洞真经》修行法诀。这影响了他的书法艺术，所书《道德经》，会意成文，静穆而灵动，从容而安详，毫无暴戾之气，也使得句曲外史张雨跟随他学习书法。这其中，杜道坚尤其对赵孟𫖯影响深刻。

前文已述，杜道坚在吴兴时对赵孟𫖯的书法创作已有影响。在南宋末年，上清派第三十八代宗师蒋宗瑛即授杜道坚《上清大洞真经》回风合景之道。而后，杜道坚即住持吴兴计筹山升元报德观，赵孟𫖯自幼与其相识。后来，赵孟𫖯多次书写《高上大洞玉经》（《上清大洞真经》的别名），传世的大德九年写本即写于赵孟𫖯与杜道坚同在杭州之时。而且，据《江南全真道教》第二章考证，杜道坚也是全真道南传之初较早师事全真道的上清道士。杜道坚曾为全真道李道纯《中和集》作序，李道纯是白玉蟾的三传弟子。杜道坚于大德九年著《道

《高上大洞玉经》局部

德玄经原旨》，李道纯著有《道德会元》，白玉蟾著有《道德宝章》，都是对《道德经》的注解。钱曾《读书敏求记》记载："白玉蟾《道德宝章》一卷，序称赵孟頫爱其言，不类诸家，手书以传。"在全真道南传的过程中，很可能是杜道坚把南宗的思想传给了赵孟頫，使得赵孟頫手书《道德宝章》。明代陈继儒《宝颜堂秘笈》将赵孟頫写本《道德宝章》予以刊印，清代编修《四库全书》根据秘笈本影刊，收于子部道家类。《增订四库全书简明目录标注》说："明刊有墨图记。记曰：松雪斋赵氏书印。每页十二行，行十二字。系子昂手书。"现存台湾"中央图书馆"。台湾新文丰《中华续道藏》初辑第七册、《白玉蟾全集》

卷十都有影印。赵孟頫与杜道坚交往较深，曾为其题写《计筹山子昂碑》，专记杜道坚住在白石崖一事。杜道坚则因其双重身份影响了赵孟頫的艺术创作：传上清经法，影响赵孟頫多次书写《大洞玉经》（其中有写给吴全节的）、《九天生神章》等上清派经典；传全真道南宗金丹思想，影响赵孟頫多次书写《道德经》。

《道德经》的文化地位

《道德经》,五千言,文约而意丰。不仅以深邃的文化内涵道出了历史的公理,也以其散韵结合的明快语言为后世推崇;不仅奠定了中国思想的坐标,也因此成为取之不尽的精神宝藏,引发历代不绝的注解;不仅拥有丰富的生活、政治、生态等智慧,是从古至今解决世人现实危机的文化对策,而且蕴涵着深厚的冥思色彩,以其认识方法,指导人们超越自身,发展出丰厚的道教神学。总之,《道德经》是中国文化的元典之一,代表着中华文化伟大的智慧,以之为基础和中心的道家思想则是中华文化的主干之一,"中国人的特性中很多最吸引人的地方,都有来自道家的传统"(李约瑟语)。要言之,《道德经》在中国文化乃至世界文化中的地位主要体现在三方面：是中国文化元典,道教基本经典,中西文明交流媒介。

作为中国文化元典

说《道德经》是中国文化元典，根据不仅在于《道德经》文本所具有的内涵，更在于历代对《道德经》所作的注疏。这里涉及解释学的两个基本层面。所谓《道德经》文本的思想内涵，也就是对《道德经》字、词的训释，对其文意的疏通。这是学习、理解《道德经》的基础，也是乾嘉时期训诂学的主要功夫，但也正如训诂与经学的关系是"小学"。固然不能否认，文本有其本来的含义，但文本的组合和文本呈献给读者的样式却不是文本的字词所能固定下来的。任何作品都有其精神思想，这或许是历代注解所透露给我们的主要信息。而且，文本也借助注解不断发展新的思想。也就是说，历代注疏也是我们理解经典文本的必备前提。文本本身的意义在注疏中被放大、被延伸，这也未尝不是文本的另一层含义。所以我们在理解《道德经》的含义时，可以结合历代注疏来进行。所谓剥离注解成见之后的原本还原，也不过是理解者的一种解释而已。所有的理解都在进行"创造性转化"，历代的注家在结合其所处的时代进行阐释，今天的读者则在理解过程中使得文本和历代注疏参与到当代国人的"生活世界"中来。不同的时代、不同的注家在阅读《道德经》时，总会得出不同的理解，但只要这些理解是从文本本身出发，是处在同一文化系统内部，则总会有视域的融合，从而使得文本呈现为意义的多面体。而异质文化系统之间则只能用来做对比，借助他者的视野使自身隐含的一面展示出来，比如以禅解老不是解读《道德经》的正确路径，但未必不可以作为一种参照。在明确了方法论之后，我们就可以顺利地对《道德经》的文化元典意义进行释读了。

任何一种元典，或轴心时代的任何经典，无不是之前先民思想的积淀和集成，《道德经》也是如此。《道德经》的思想是对中国古道教的总结（闻一多将上古的宗教称为"古道教"，姑且不论其宗教进

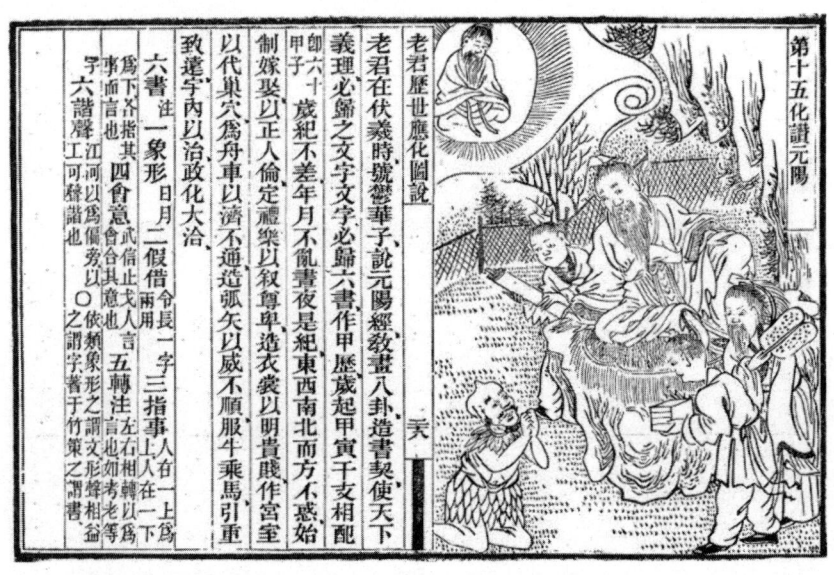

明刻《老君八十一化图》之十五

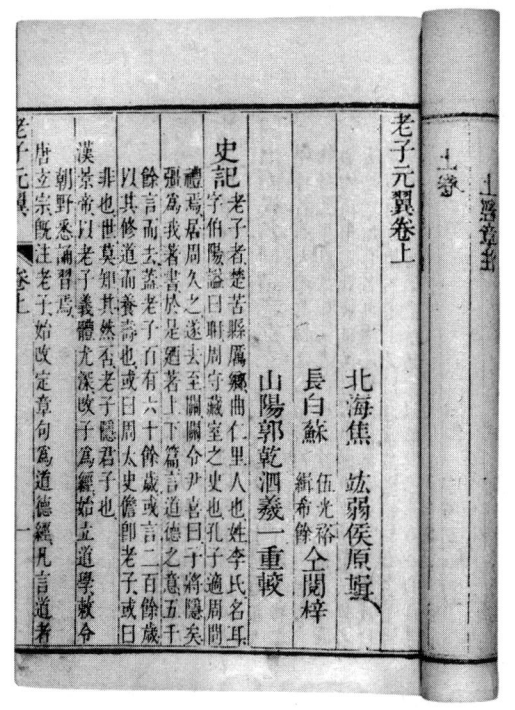

《老子元翼》书影

化论的预设是否适宜），是对中国三代文化的凝结与升华。魏源说："删书断自唐虞，而老子专述《皇坟》以上。"即是说，孔子删削六经，追溯文明以唐尧和虞舜为上限，而老子则继承了三皇之言。这种说法未免把老子道家与孔子儒家完全对立起来，实际上老子全面汲取了上古和三代的文化。钱基博曾在《国学要籍解题及其读法》中就《道德经》对于之前思想的继承进行了简单列举："谷神不死，是为玄牝"数语本是黄帝之言；"将欲取之，必姑与之"源自《周书》；"强梁者不得其死"为周庙《金人铭》之辞；"天道无亲，常与善人"，古易之辞。《道德经》有关天道周而复始、无为、守柔等思想也散见于《诗经》《尚书》以及《左传》《国语》所记东周的言论中。这与老子的史官身份是相关联的——"惟老子世为史官,得以掌数千年学库之管钥,而司其启闭。故老子一出,遂尽泄天地之秘藏,集古今之大成"(江瑔《读子卮言》)。钱基博甚至认为《论语》所谓"述而不作,信而好古"说的就是老子。《道德经》是对三代思想的总结,但却未必是"不作"与"好古"。

《道德经》最核心的理论无疑是其道论。王一清在其《道德经释词·叙道德经旨意总论》中有简明的概括:"五千文有清静之道,有无为之道,有自然之道,有长生之道,有治世之道,以至于治心养性体物知身,不可作一途看。"

在哲学意义上,"道"首先具有宇宙本原的意义,然后以其运行还具有规律、原则和方法的意义,不仅作为支配万物化生的普遍规律,而且也是人类社会所必须遵循的基本法则。这就涉及"道"的宇宙论和本体论阐释,前文在论述严遵注本、王弼注本时已有说明。

《老子指略》说,老子"论太始之原以明自然之性"。道的化生或曰宇宙演进以自然为根本原则,即便是在本体论的意义上也是如此。天、地、万物、人都要效法"自然",但自然与道的关系不是先后的逻辑顺序,而是同一本体的不同名称而已,一如杜光庭所述"大道以虚无为体,自然为性,道为妙用,散而言之即一为三,合而言之,混三为一"(《道德真经广圣义》卷二十一)。自然的含义,其一,道自本自根,自己如此,作为宇宙的本原同时也是事物的第一因;但"道生之,德畜之……道之尊,德之贵,夫莫之命而常自然",通过道的流衍,万物得以化生,而这种过程并不带有任何意识和目的性。道与万物的化生关系是永续的,所谓"用之不勤"。其二,道分化于具体事物之中，便成为人及物之性；万物因为分有道性而生成，也就以道为最高的准则和最后的根据。道是至善，依循于道或曰复归于道是人及万物固然之理。"物形之，势成之"，万物依循于道，以其自然之性，具备一定的时间、原因即生成、变化，不需要被安排、规划；人依循于道，则是要取法清静，令物自化。这种思想被称为"自然主义"。

这两个含义又可分为三层。其一，道的流衍或道与物理世界的关系，实际上描述的是外部世界的存在样态。这一点也是易老会通中常引用的"生生之谓易"，万物以其不断的生成、变化构成物理世界。"道以无名无形始成万物"，而万物也"以无为本"（王弼注），这是从本体论上讲的。在宇宙论意义上，"道"被理解为元气化生万物的具体过程，有时被理解为周天运度的实际呈现，于是，道论使得气论得到充实，成为中国最基本的物理思想，影响着中国传统科学技术的运思。如张衡《灵宪》说："太素始萌，萌而未兆，并气同色，混沌不分。故《道志》之言云：有物混成，先天地生。"直接引用《道德经》作为论说宇宙生成的依据。后来主张元气论的诸家如张载等无不受到《道德经》或直接或间接的影响。其二，由道与万物的化生关系而必然引申出万物具有道的属性，或者说，道是世间事物的规定性，最终发展出万物皆有道性的推论。这构成了中国人性论的主要思想派别之一。《老子想尔注》已有"道性"的概念，六朝道经有更细致、系统的论说，如宋文明《道德义渊》分六层进行了分析，开篇即指出道性即是自然："物之自然，即物之道性也。"道性论对中国人性论的具体贡献、具体理论发展过程在前文对《道德经》注疏史的介绍中已多有论述。其三，具体到人类社会，它的各个方面也要遵循"自然"这一法则，人类应该建构起合乎"自然"的社会秩序。由天道过渡到人事，在"道法自然"的命题下是很容易导出的。把自然主义的道论运用到政治领

《却坐图》,反映了汉文帝不同意儒生的礼法观念

域,便是无为之治思想。道"辅万物之自然而不敢为",大道自然呈现,也就是无为,人类得道性而立,在本性上应该是无为的。《道德经》第三十二章文本即有对为政者守道无为的直接论述,历代围绕无为政治的注解更是多见。王弼最早在体用关系方面进行了阐释:"圣人达自然之至,畅万物之情,故因而不为。"无为之治使人们生活于政治社会之中而不感到政治的强迫与干预,感觉一切都是自然如此、一切都出于自由意志。

总之，《道德经》对"道"做了最全面的论述，使天人（外部世界与人类社会）被置于同一种理论框架下加以理解，实现了认识的统一，而之前，关于人类社会还没有清晰、系统的规则认识。《道德经》开启了中国政治学的主流流派。而且，无为而治历史上多次被施行（如魏源《老子古义》所列举的西汉初、东汉光武帝与孝明帝、北魏孝文帝、后唐明宗、宋太祖与仁宗、金世宗等统治时期），实际影响了中国历史的进程。

汤一介先生在《论魏晋玄学到初唐重玄学》一文中把先秦道家看作道家思想的第一期发展，把魏晋玄学看作道家思想的第二期发展，把初唐重玄学看作道家思想的第三期发展，这是著名的道家思想发展三阶段说。很显然，先秦道家主要是老子、尹文子、列子、庄子以及杨朱等人，其思想无疑以《道德经》为基础和主要代表，《道德经》奠定了道家思想的基本致思方向。魏晋玄学则以注释和阐发《道德经》为其主要载体之一，重玄学毋庸讳言更是主要依托于注疏《道德经》。而"金元时期，真正的思想大师，不在儒门，倒是在全真道等"（强昱《成玄英建立重玄学的方法》），宋元道教思想实际是继重玄学之后道家思想发展的又一个高峰，其思想以心性论和内丹学为标志，显然也以《道德经》为思想本源，前文多有论述。如果再算上汉代黄老学直接以黄帝、老子并称，则在道家发展的重要历史阶段都伴随着对《道德经》的理解与注疏，所以《道德经》是道家、道教理论发展的根本维系所在。

《道德经》还影响了其他思想流派或文化门类。前者，譬如对法家的影响，以韩非子注老为代表。这间接影响到所谓"刑名之术"（以名实相副推求社会治理的效果），战国时期的尸子也被认为是道家人物之一（李时、徐文武等主此说）。后者，譬如对美学的影响，"大音希声，大象无形"等有无之辨影响了中国传统美学的主流。在文艺美学方面，出于道家的影响，"游心于物"成为人们的精神追求，作为道性之自然由于是与人文（典章制度）相对的概念，逐步演变为对山川草木花鸟鱼虫风云月露等的称谓（参考徐复观《自然与文学的根源问题》）。晋宋嬗代，"庄老告退，而山水方滋"（《文心雕龙·明诗》），经过魏晋玄学的培育，玄言诗为山水诗所取代，但山水诗并非一味地单纯描写景物，而是要在景物中寄托作者的精神，这一转变中未变的是道家哲学。这就涉及有无之辨在审美中的最主要表现，即虚实结合，在具体的物象、语句之外营造一种力量，由此产生了中国美学的"境界说"或"意境论"。王国维、宗白华等人有深入细致的解说。相关美学思想在魏晋已然形成，而且与老庄哲学实在大有关联。"境界说"或"意境论"是主客观合一的产物，直观的生命体验及其反观内省是达到各种审美境界的方式，这就牵涉到认识论问题，而这在中国元典中无疑以《道德经》等最具典型性。李泽厚曾概括中国文化的两大特征，

道士黄公望《秋山雨霁》（立轴）

即以血缘宗法家族为纽带的氏族体制（Tribe System）和理性化了的巫史传统（Shamanism rationalized）。"史"是继"巫"之后进行卜筮祭祀活动以服务于王的群体称谓，"史"与"巫"掌握着天文、历算等知识，互渗的主客合一思维是他们的思维模式。老子作为周王室的史官，先秦道家作为古道教的继承者，是巫史传统中有关认识论的集中继承者，《道德经》《庄子》等道家经典也成为中国文化两大思想特征之一的承先启后的奠基者。

《道德经》不仅以其有无虚实的辩证思想奠定了中国文化的一大特征，而且以其清静守柔的思想影响了一些人的生活方式，这些人就是所谓隐者。隐者所持的思想观念不一定是道家思想，但《道德经》真切地影响了隐者的主要思想状态。后世学者往往把先秦道家分为若干派别，具体说法不一，但都以《道德经》为"清虚以自守，卑弱以自持"一派的代表，《史记》则称"老子修道德，其学以自隐无名为务"。"早期隐者发展为道家思想群，再发展为稷下学者群，日益充分而明晰地体现出道家的思想特征。"（萧萐父《道家·隐者·思想异端》）《后汉书·逸民传》记载了隐士二十人，他们归隐的原因有"或回避以全其道，或静己以镇其躁，或去危以图其安，或疵物以激其清"，其中所言有出自儒家如《论语》所言"危邦不入""无道则隐"的成分，但多出自《道德经》功遂身退、静为躁君、去此取彼、独异于人等基本范畴，其中具体人物如向栩"好老易"，高恢"少好《老子》"，矫慎"少好黄老"。另外，《任光传》（任隗、樊瑞）、《酷吏传》（樊融、淳于恭）等列传也有散见的记载。后来的正史中如《晋书》、《宋书》、《南齐书》、《梁书》、南北史、《隋书》、新旧《唐书》、《宋史》、《金史》、《元史》、《明史》等均设有隐逸列传，称谓如"逸民传""高逸传""逸士传""处士传"等。私家专史中，嵇康、皇甫谧都有《高士传》，清代高兆撰有《续高士传》，所录名士中"大多数属于道家或道家所赞美的人物"。佛教传入之后这一群体构成和思想背景更为多样，但持有恬淡无欲的道家思想者仍占相对多数（依据有关学者的统计，这部分人占到正史所记隐者的近半数）。

不过，隐逸之士并非完全与世隔绝的人，对于相当一部分隐士而言，隐逸与异端是一个问题的两个侧面。所谓异端即与官方正统思想相异的思想群体，他们往往以社会批判者的面貌出现。《道德经》在这里也展现出深刻的影响力，从"道法自然"而来的无为之治本身即

《虎溪三笑图》是中国隐士文化的直接呈现

具有社会批判的意义和功能。后世的隐士也多以道家的面目出现或受到了道家思想的影响，前者如严遵、竹林七贤、鲍敬言、陶渊明、李白、傅山，后者如扬雄、王充、杨泉、范缜、刘基、李贽等。《道德经》也因此一度被长期视为正统思想的异端，直至清代子学重新兴起后才慢慢得到改观。更有一批隐士是由于自愿或被迫从权力斗争中脱身而出从而归隐山林的，他们的隐居往往带有"以待时命"的特点，隐居不仕反倒是其实现抨击时事、反思传统和批判世俗的一种方式。这部分人士归隐后也往往接受老庄思想，如此一来，处在正统与异端两种地位的儒道两家思想体系及价值取向便为在朝"兼济天下"与在野"独善其身"不同处境中的人提供了相应的精神支点，从而使得中国历史呈现"儒道互补"的现象。

作为道教基本经典

《道德经》以其认识论影响了中国哲学、美学，还影响了中国医学和以之为基础的对生命的认知。《道德经》及其历代注疏基于生命体验和生命意义的思考自然成为道教身心理论的基础，而其隐逸的思想因素更直接塑造了道教的行为模式。

首先，《道德经》为道教提供了基本经典。道教经典在南北朝形成系统的目录体系，即"三洞四辅十二类"。先是陆修静编纂《三洞经书目录》，将道经分洞真部、洞玄部、洞神部，各自栓系的道经在当时分别为上清经、灵宝经、三皇经（唐代焚毁三皇经后进行了重新划分），并把灵宝经十部"元始旧经"分为"十二类"。此后，上清派如《洞真太上仓元上录》把这种分类法进行推广，称三洞各有十二部（称为十二事），合三十六部。而后孟法师（此孟法师为"大孟"的孟景翼，考证见潘雨廷《孟法师考》）作《正一经》增益三部为七部，增加了太清部、太平部、太玄部、正一部（北宋王钦若定名为"四辅"），补充三洞经书，随后齐梁孟法师（此孟法师可能是"小孟"孟智周）编纂《玉纬七部经书目》，沿用了这一说法。按照《正一经》，太玄部辅洞真部，太平部辅洞玄部，太清部辅洞神部，正一部遍陈六部。

《正一经》久佚，部分经文因被《玄门大义》《道教义枢》《云笈七签》等引用而得以保存，敦煌残卷P.3676是其残抄本。道教目录的整理不只是编制目录的工作，本质上是对道教教义体系的梳理。P.3676残卷说：

> 十二事者，演说众法。心迹无为，为不为物，物得其赖，本不为己，己亦自全为之，似关心迹，心不在此为……习之合道，第一事也。心无为迹有为，忘我为物，为物德高，第二事也。心有为迹无为，闲居少务，省繁就约，至于垂拱，守静无为，而心思存想，念是防非，求善避恶，第三事也。舍家而处人间，去亲爱之著，同人于世，修德立功，少私寡

P.3676 残卷

欲，第四事也。携家入居山泽，深藏以避可欲……枕石漱流，餐霞饵炁，闻无出想，第五事也……

其有关"十二事"的解说与同时代的《老君自然斋仪》都很具代表性，以"老庄清静无为、斋心坐忘之说为本"（王卡《敦煌本〈正一经〉残卷研究》），在解释道经分类的同时为道教的修炼实践提供了可供遵循的阶次。《道德经》在道教经书体系中的地位于此可见一斑。

不惟如此，围绕《道德经》形成了道藏的太玄部经（七部说形成之前，《道德经》归于洞玄部，见卢国龙《道教哲学》中篇第三章）。《传授经戒仪注诀》载太玄部经书目录如下：

太玄部卷第一：老君大字本道经上；

太玄部卷第二：老君大字本德经下；

太玄部卷第三：老君道经上道经下河上公章句；

太玄部卷第四：老君德经上德经下河上公章句；

太玄部卷第五：老君道经上想尔训；

太玄部卷第六：老君德经下想尔训；

太玄部卷第七：老君思神图注诀；

太玄部卷第八：老君传授经戒仪注诀；

太玄部卷第九：老君自然朝仪注诀；

太玄部卷第十：老君自然斋仪。

《三洞奉道科戒仪范》的说法是："《老子道德经》二卷，《河上真人注》上下二卷，《想尔注》二卷，《五千文朝仪》一卷，《杂说》一卷，《关令内传》一卷，《诫文》一卷。"总之，以五千文为本文，

吴叡《老子道德经卷隶书》卷首图《老子授经图》

以河上公注、想尔注为解说,辅以相关的朝拜仪式、存思法诀、传经科仪和有关戒律,形成了道经的太玄部。《传授经戒仪注诀》说:"《河上》《想尔》,注解已自有殊,大字文体,意况亦复有异。皆缘时所须,转训成义,舛文同归,随分所及。"其说对《道德经》各种注本互不相同而又都收归于道典给出了解释——《想尔注》与《河上公注》注解不同,原因在于系师传教的对象是西蜀下层民众,他们不晓深意,所以告之以假托之语,实为转训;《想尔注》、《河上公注》和五千文本文也有不同,但造成这种差异的原因是一样的,都是为了因人施教,"随分所及",其根本思想都是一样的。太玄部所收录的经书随着年代的发展越来越多,至北宋时已有一千四百零七卷(后来多被《正统道藏》编入洞神部),各自所做注解也互有不同,但它们之所以被收录进来,反映了道教兼容并蓄的教义思想。

不仅仅是传统的太玄部以《道德经》为中心,其他部类的道经也以之为思想基础。如之所以以太玄部辅洞真部,原因在于洞真部上清

经认为"道士修习经业,以五千文为先,解说通解,度人济己,开化无穷,此为大乘之人"(《太真科》);而洞玄部灵宝经认为"灵宝及大洞,至真道经王;唯有五千文,高妙无等双"(《洞玄灵宝玉京山步虚经》)。上清派中,如陶弘景很重视杨羲手书系师的古本《道德经》及其《老子内解》,灵宝派则传播了葛玄序诀和传经科仪,要言之,洞真部《洞真太上太霄琅书》说:"三洞枝条,先分后合,终归道德,乃极一源也。"言外之意,所有道经皆以《道德经》为其思想的依归,前述《正一经》对十二事的解说就说明了这一点(《正一经》陈述自己"宗道德,崇三洞")。李养正指出:"迄今,道教积累经书逾万卷,其中重要经书,不是托言太上老君降授,便是引老君道德之言,而演说神仙之道。笼统地说,道教所宣扬之义理,无一不与《老子》在形式上及内在思想上有着或多或少的关系。"为了证明这一点,他在敷衍道德与演说教义两方面对道经与《道德经》的文本进行了对照比较,列举了《太平经》《太上老君虚无自然本起经》《太上老君说清静经》等神授经书和《周易参同契》《玄纲论》《悟真篇》等教内文献。

此外还不得不提及两部经典。按照道经的说法，太上老君同时授予尹喜三篇"大字"：五千言上下篇、《老子中经》为中篇。《老子中经》又称《珠宫玉历》，出现于东汉，魏晋时期屡有增益。主体内容是医学和道教存思术的结合，其中对脏器的论述与《黄帝内经》《难经》等医学经典的论述完全一致，而附翼在其上的存思方法也较为系统化。该经最后以老子自述的方式讲述此经的由来，这与汉魏时代以存思内炼理解老子及《道德经》的思想特征相一致。而《道德经》之所以能被做出如此理解，根源在于其有关"涤除玄览、营魄抱一"的直观认识方法。存思道法对汉魏医学产生了重要影响，如著名的《素问遗篇》（《素问》之《刺法论》与《本病论》两篇）就掺入了存思术的具体内容。但医学与道术的结合在根本上是中华文明整体思维模式（重视身体维度，参究天人关系）使然，并不能就此看作是《道德经》对医学的影响，《道德经》为道教身体修炼提供的思维方式与健身疗体、延年益寿的医学方法具有一致性，更直接的影响则在于其被不断诠释的清静无为理念的养生方法，清代两大医学家徐大椿《道德经注》、胡与高《道德经编注》尤其鲜明地印证了这一点。

另一部重要道经《西升经》就是阐发《道德经》清静无为、抱朴守一、养身全形思想的经书。据《甄正论》记载，尹喜记录老子与他的言论为《西升记》，后人改记为经。出世年代大致在魏晋之际，由当时人以某种通灵的方式得到老子对尹喜的启示，记录下来整理成经（李刚《论〈西升经〉的道教哲学思想》）。《西升经》是道经中除《道德经》《南华真经》《阴符经》之外注解较多的一部经书，陈景元为之做集注，认为"其微言奥旨出入五千文之间"，宋徽宗作注说其"与五千言相为表里"。《西升经》是直接敷衍《道德经》原旨的经书，与《道德经》一起同为太玄部的重要经书（见《道教义枢·三洞义》），《老子中经》则是对《道德经》做引申理解的经书，在太清部中，但仍被认为是《道德经》的辅翼。如北宋道士在授"太上高玄箓"时要"参究《道德经》《西升经》《玉历经》……并《存思神图》、太上文《节解》《内解》，授自然斋法仪，道德仪一百五十条、道德律、道德戒一百八十三科"（孙夷中《三洞修道仪》），其中《玉历经》即《老子中经》，完全被置于太玄部经书群中。

《道德经》为道教提供了道、德、常道、自然、无为、虚无、妙本、有无、动静、动寂、玄道、玄德、玄牝、道气、冲气、柔弱、无极、性命、四大、抱朴、抱一、贵柔、啬神、玄览、重玄、双遣、中道、清静、心性、道性、三宝等教义概念。这些概念包含了道教的哲学思想，也包含了道教的认识方式和行为方式。其他经典如《太上老君虚无自然本起经》《太上老君说清静经》便以其中的啬神、清静为其中心思想，《太上老君内观经》《洞玄灵宝定观经》以心性、重玄为宗旨，对其展开论述。后世道典也对其进行总结，凝练成具体的清规戒律，如"想尔九戒"所称"行无为，行柔弱，行守雌；行无名，行清静，行诸善；行无欲，行知止足，行推让"（《想尔注》中的"道诫"是道教最早的戒律思想），"洞神五戒"所称"目不贪五色，耳不贪五音，鼻不贪五气，口不贪五味，身不贪五彩"，都源自《道德经》甚或直接化用其语句；其后，众多戒经或进行细化，将之转化为对具体行动举止的引导或禁止性规定，如"老君说一百八十戒"，或加以凝练概括，如《云笈七签》卷九十一称："老君曰，生从十三：虚、无、清、静、微、寡、柔、弱、卑、顿、时、和、啬。"要言之，道教戒律以戒贪欲、守清静为宗旨，其"戒"重在劝诫信众按照《道德经》的思想原则去处事。

李公麟《老子授经图》

　　《道德经》抱朴贵柔、清静无为的思想在后世尤其为全真道所发扬。王重阳祖师设立玉花社后撰有《玉花社疏》，对全真道的修行宗旨有开示："诸公如要真修行，饥来吃饭，睡来合眼，也莫打坐，也莫学道，只要尘冗事屏除，只要心中清净两个字，其余都不是修行。"后又曾对刘愚之说："无欲欲之，是无为也；无为为之，是清净也。"（《重阳教化集序》）济南韩淘是仰羡陶渊明之辈的隐士，曾就教于丹阳真人马钰，马丹阳说："夫道以无心为体，忘言为用，以柔弱为本，以清静为基。"所论皆本于《道德经》。

　　《道德经》作为道教的重要经书，在教内传承时具有一定的程式与威仪。经书传授要"依法赍信，清斋奉辞"，即要按照一定的仪轨传授，请求经书者要携带一定的信物（如白绫五十尺或纹缯五千尺、金钮一枚等，贫穷而有功德者可不依准）表示信仰的决心，要按照规定清静斋戒。传授经书要拜请三师：正师、监度师、证盟师（又称度师、籍师、经师），所穿衣服，投师文辞，斋期上表，都有一定的规格（见于《传授经戒仪注诀》）。于择定的日期，师北向，求经者男则伏左女则伏右，师执经，叩齿三十六下，依规定进行存思，念祝词"飘飘大虚岭"云云；求经者捧起信物，待正师念诵完祝词，三拜受经，见于《上清太极隐注玉经宝诀》。受经弟子需要盟誓，受经后需要抄写、供奉经书，盟文和供奉方法见前文所言敦煌经卷部分。《无上秘要》卷三十七有《授道德五千文仪品》，所载盟文与《传授经戒仪注诀》稍有出入。《上清太极隐注玉经宝诀》又有读《道德经》的方法，如先烧香，整法服，三拜而祝"玄玄至道宗"云云，"叩齿三十六下，咽液三十六过，先心存左青龙，右白虎，前朱雀，后玄武，足下八卦、神龟三十六……"，然后读经；凡学道，应在每月初一、十五和本人生日、八节日（四立与二分二至日）的日中、夜半诵读两遍。这些科仪早已废弃不用，摘录于此以示道教对传授《道德经》的神圣感。《太真玉帝四极明科经》卷四则有读经的具体要求，如"言句相属"，即不得遗漏字句，"目注经文"，千字以下不得停顿饮水，万字以上才可以稍稍休息等，虽非专门针对《道德经》而言，但对于当今读经则有指导和借鉴意义。

作为文化交流媒介

《道德经》作为中国文化的元典和道教的基本经典,在中外文化交流方面发挥了重要的媒介作用,是佛教东传、沟通中国文化的桥梁,是中国对外交往的载体,也是中国文化近代化的中介。

域外文化来华的接引者

佛教初传中土之时,曾借助《道德经》等道家典籍推广自身,形成"格义"佛学。所谓格义,"就是量度(格)经文,正明义理,也就是用中国固有哲学的概念、词汇和观念来比附和解释印度佛教经典及其思想"(方立天《中国佛教哲学要义》第二章)。具体做法有多种,如把佛视为中国远古的帝王或神仙;把佛教比作清虚无为、省欲去奢的黄老道家,以佛为老子的化身(此即老子化胡说的最初来源,后来被道教采纳并用以压制佛教);把禅法比作清静无为的道教修炼方法,把禅定译作"守一";用中国原有的灵魂、元气、祸福报应等观念解释轮回说,以"无"解释佛教"空"的概念,把"真如"译作"本无";

等等。其中,《道德经》就被佛教经常引用,来证明自己的理论,如《理惑论》解释轮回时说:"魂神固不灭矣,但身自朽烂耳。……《老子》曰:吾所以有大患,以吾有身也。若吾无身,吾有何患!"以曲解《道德经》第十三章"贵身"为"舍身"的做法论证轮回说。明确使用格义二字研究佛学的始于竺法雅(见《高士僧传》卷四"义解一"),毗浮、昙相、道安、法汰、慧远等多有涉及,一时很是普及,如"谷神""大象"等《道德经》词汇见于道安的译经序文中。格义是外来文化在传入国本土化过程中自我适应的一种文化现象,这种方法有时候会产生逐条比附、牵强附会的后果,具有局限性,所以,自道安开始佛教内部便注意矫正此弊,魏晋玄学的"得意忘言"恰巧为之提供了一种方法论。自此,佛教徒把般若学与《道德经》的本体论结合起来,形成著名的"六家七宗"之论。《道德经》在这一时期也拥有了比较集中的佛教注本。"当时以老、庄、般若并谈。玄理既盛于正始之后,般若乃附之以光大。"(汤用彤《汉魏两晋南北朝佛教史》第九章)魏晋佛教也因此被称为"格义佛教",它奠定了中国佛教本土化的发展方向。其后,佛教撰著中"所谓融通一类者,亦莫非格义之流也","然则格义之为物,其名虽罕见于旧籍,其实则盛行于后世"(陈寅恪《支愍度学说考》)。后世,言三教融合、三教合一者中道家道教一方多以《道德经》为切入点。这不仅体现在理论转化上,而且实实在在地体现在一些历史事件中。

　　《道德经》无意间做了佛教传入中国的接引者,这种情形在世界各大文明交流的过程中具有普遍性和必然性。任何社会对于输入的异质理论都会以自己原有的哲学标准进行判定,外来文化要在传入地生存下去并发挥自己的社会功能则必须做出调整,以适应传入地的文化处境,这种调整所遵循的原则就是巴姆提出的比较哲学原则:类比或曰比附。后来,景教传入中国,《道德经》无意间又做了景教的接引者。

景教是基督教的一支聂斯脱利派，贞观九年（635），阿罗本等人到长安传教，并得到批准在义宁坊建造大秦寺一所。会昌灭佛后，景教受到牵连，一度消失。天启三年（1623），西安发掘出"大秦景教流行中国碑"，20世纪，敦煌残卷中发现了《大秦景教宣元本经》《志玄安乐经》，2006年，洛阳又发现了经幢《大秦景教宣元至本经》，再现了景教的教义思想。根据这些景教文献，我们可以窥见景教的"格义"学。《志玄安乐经》说：

> 若有知见，则为有身。以有身故，则怀生想，怀生想故，则求有为。有所求为，是名动欲。有动欲者，于诸苦恼，犹未能免，况于安乐，而得成就？是故我言，无欲无为，离诸染境，入诸净源。离染能净，故等于虚空，发惠光明，能照一切，照一切故，名安乐道。

在这里，《道德经》第十三章的思想再次惊人地出现了，而且与成玄英对此章的注解十分相似，比如成玄英说：

> 大患，谓烦恼老病等也。言凡夫但知矜贵此身……多求资养，终归灭坏……世情颠倒，以宠为上。惠心观照，足为鄙下……执着我身，不能忘遣，为身愁毒，即是大患……只为有身，所以有患。身既无矣，患岂有焉？……所言无者，坐忘丧我，隳体离形，即身无身……

这种以双遣坐忘而从世俗事物中解脱出来，进而进入清静之域的思想，是六朝道教道性论的重要成果，成玄英对此做了总结。所引《志玄安乐经》语句正是这种思想的反映。

与这种情形类似，《大秦景教宣元至本经》中"妙道能包容万物之奥道者，虚通之妙理，群生之正性……善人之宝……不信善之徒所不保"也直接取自《道德经》第六十二章，具体思想同样具有重玄学的色彩。朱谦之甚至认为此经是"道教信徒所作，以注释老子《道德经》者"（朱谦之《中国景教》）。"大秦景教流行中国碑"碑文也采用了《道德经》的概念，如其云："奥若常然真寂，先先而无元；窅然灵虚，后后而妙有，惣玄枢而造化，妙众圣而元尊。"这类言论在此碑文中比较多见，完全化用了《道德经》的"道论"（如第一、二十一、二十五章所论道存在于天地之先，是宇宙的起源和万物的始

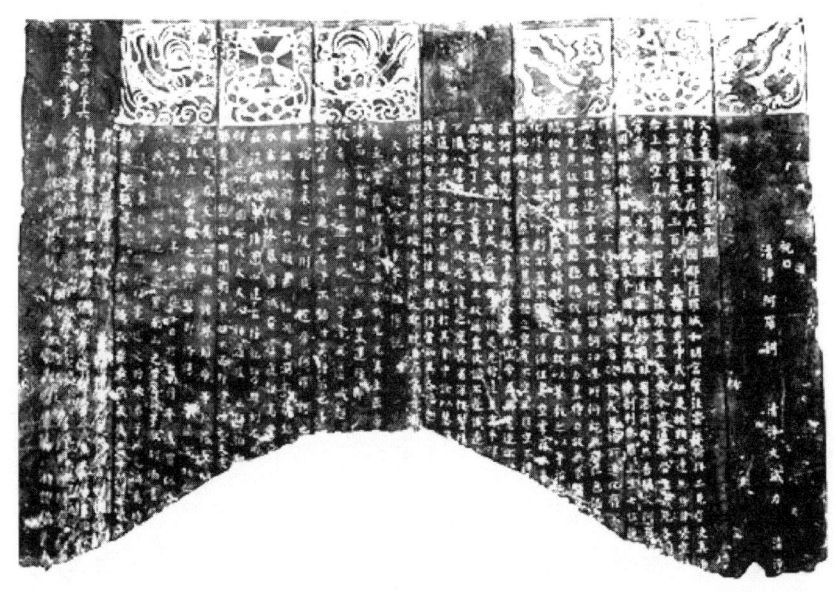

《大秦景教宣元至本经》拓片

大秦景教宣元至本经经幢　　　　大秦景教流行中国碑

基，以虚无化生无穷而本体永恒不变等等）。碑文认为景教之所以得名，在于"真常之道，妙而难名，功用昭彰，强称景教"，很有自认为景教乃道教一种形式之意。碑文说，"宗周德丧，青驾西升。巨唐道光，景风东扇"，分明是说老子见周德之衰而骑青牛西去，今值大唐发扬大道则景教东来，言外之意似乎在说老子西去才有了景教。碑文还引用了贞观十二年秋七月的诏书："道无常名，圣无常体，随方设教，密济群生，大秦国大德阿罗本，远将经像，来献上京。详其教旨，玄妙无为……"此诏书又见于《唐会要》卷四十九，反映出唐王室认为景教教义与《道德经》相符。碑文如此论述和引用意在依附道教，附和《道德经》而传播景教。因此，乾隆时的耶稣会士宋君荣也曾一度以为此碑文为道士所作。

中华文化对外传播的重要载体

《道德经》不仅为域外思想的传入搭建了桥梁，还代表中国文化影响到周边以及西方国家。《旧唐书》列传第一百四十九《东夷》中说，武德七年（624）李渊派遣前刑部尚书沈叔安前往高丽册封"建武为上柱国、辽东郡王、高丽王，仍将天尊像及道士往彼，为之讲《老子》，其王及道俗等观听者数千人"。此事详细记载于朝鲜文献《三国史记》和《三国遗事》中，前后经过大体是：当时高丽人"争奉五斗米教"，唐高祖听闻后派遣道士送去道教天尊像，为他们讲《道德经》。第二年，高丽派遣唐使前来学习道教。至贞观十七年（643），盖苏文劝高丽王派遣唐使求道教，唐太宗"遣道士叔达等八人，兼赐老子《道德经》"。另据《三国史记》，开元二十六年（738）夏四月，唐使臣邢璹为新罗送去《道德经》等文书。唐代与朝鲜半岛的文化交流以《道德经》为纽带联结起来，这些文化交流活动对朝鲜文化产生了深远影响，也为唐代的影响力提供了支撑。

又《旧唐书》列传第一百四十八《西戎》中说："五天竺所属之国数十，风俗物产略同。有伽没路国，其俗开东门以向日。王玄策至，其王发使贡以奇珍异物及地图，因请老子像及《道德经》。"《新唐书》卷二百二十一记载此事在贞观二十二年（648）。唐朝时，天竺分为众多小国。这一年，唐朝派遣右卫率府长史王玄策出使天竺，遭逢尸罗逸国动乱，王玄策从吐蕃借兵平息动乱后，东天竺伽没路国献上奇珍异物及地图，并请老子像和《道德经》。在此之前，据《集古今佛道论衡》卷丙《文帝诏令奘法师翻〈老子〉为梵文事》记载，贞观二十一年，依据西域使李义表奏，唐太宗随即命玄奘与重玄学家蔡晃、成玄英等一共三十余人在五通观将《道德经》翻译为梵文。李义表奏的内容即东天竺童子王请翻译道经为梵文，这样，唐文化也通过《道德经》流传到印度。

在日本，圣德太子（574～622）所撰《三经义疏》已明确征引《道德经》，由此可知，《道德经》传入日本的年代不晚于隋朝。开元二十三年（735）闰十一月，日本派遣中臣名代"来朝献表恳求《老子》经及天尊像"。目前可见到的日本各种版本《道德经》多达399种（辛红娟、高圣兵《追寻老子的踪迹》）。以《道德经》为代表，道家思

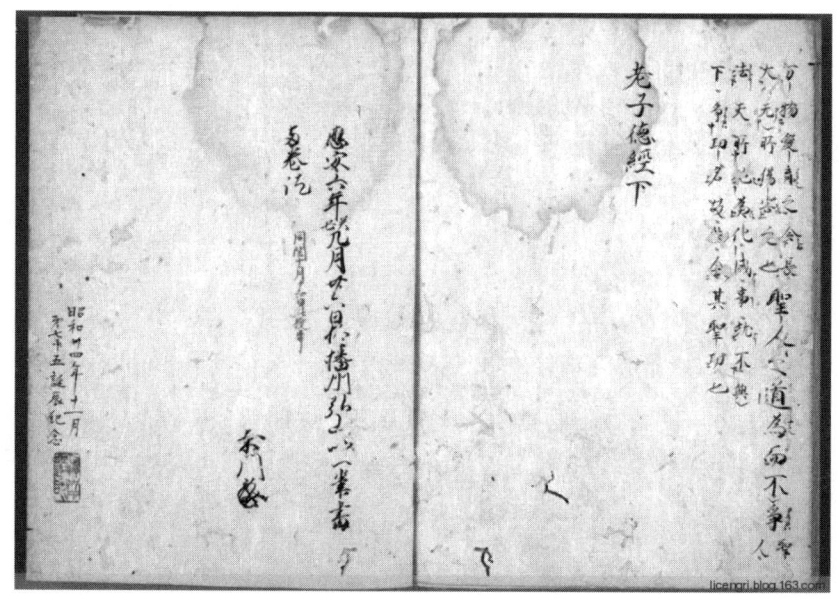

《道德经》日本抄本

想对日本文化产生了重要影响，如安藤昌益的社会批判思想就具有明显的道家思想痕迹。

明后期，随着西方商船和传教士来华，《道德经》开始传入欧洲。但是传教士先是关注到了道教，然后才知道《道德经》的存在。比如，利玛窦曾在其《利玛窦中国札记》中论述道教起源于老子，但又说老子没有留下任何著作。直到 1687 年，柏应理才在巴黎出版的《中国哲学家孔子》序言中引用了《道德经》第四十二章。但真正对《道德经》传入欧洲起到关键作用的是法国传教士白晋等人。白晋认为《道德经》第十四章的"夷""希""微"三字的合称就是"耶和华"的发音，意即上帝。这使得耶稣会士们激动不已，法国耶稣会传教士傅圣泽和

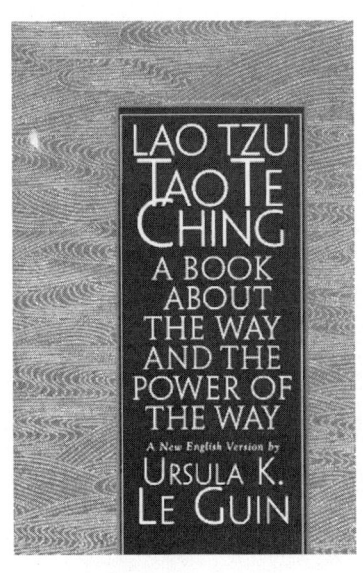 

《道德经》外文版

比利时传教士卫方济开始着手翻译《道德经》，卫方济的拉丁文译本完成于17世纪，傅圣泽的《道德经评注》系拉丁文和法文合译本，约完成于1729年。第三个译本是德国神父格拉蒙特的拉丁文译本。1817年朱利安出版了第一个法文译本，1842年儒莲在巴黎出版了当时最佳的法文全译本，最早的英文译本始于现存耶鲁大学图书馆的1859年的稿本（据妙达兑考证。此前学术界多认定1868年的湛约翰译本是最早的译本），1870年最早的德文译本维克多·斯特劳斯译本问世，1828年丹尼尔·西维洛夫第一个用俄文翻译了《道德经》全文。丁巍历经14年访求、考校，在《老学典籍考：二千五百年来世界老学文献总目》中，对《道德经》的西文版本做了具体统计：英文（182种）、法文（109种）、德文（240种）、俄文（12种）、西班牙文（2种）、意大利文（11种）、捷克文（3种）、丹麦文（1种）、荷兰文（10种）、芬兰文（1种）、挪威文（1种）、保加利亚文（3种）、瑞典文（4种）、奥地利文（1种）、拉丁文（1种）、葡萄牙文（1种）、冰岛文（179种）、匈牙利文（1种）、世界语（1种）等。辛红娟则在《美国接受视域中的〈道德经〉女性主义解读》中指出，真正的英文译本应该是130多种，之前的统计包含了一些研究著作。所以，具体外文版本数量会因统计标准而不同，但《道德经》被称为除《圣经》之外非母语版本最多的书籍，是当之无愧的。

　　早期的传教士译本一般是希望在《道德经》中寻求上帝福音在中国道教经典中的依据，出发点在于"旧约象征论"，即认为在所有文化体系中都会有基督教之上帝存在的符号和表述。但是，儒莲的全译本开始打破传教士的这种想象。借助传教士的工作，《道德经》对西方其他文化领域产生了影响。如康德1794年发表《万物的归宿》，认为斯宾诺莎的泛神论和亲近自然的思想与老子思想有关，虽然没有证据证明斯宾诺莎看到过《道德经》，但康德的比较反映出西方哲学理论对《道德经》的关注。黑格尔转引过雷慕沙的节译本，他把"道"理解为理性。尼采把《道德经》比喻为永不枯竭的井泉，著名现象学家海德格尔则与他人合译过《道德经》的一部分。一战前后，面对西方社会发展的困境和西方人生存意义的迷茫，西方学者开始检讨自身文化的缺陷，《道德经》便与诸多社会思潮结合起来。

世界现代文明发展的重要指引

概言之，世界各领域的现代文化学者对《道德经》思想的汲取主要围绕宇宙论和自然、无为理念展开，在前一个方面，表现最明显的是物理学和生态理论；在后一个方面，各种自由思想、相对主义甚至女权主义都与之发生了联系。各种和平主义、托尔斯泰主义也从中汲取了营养。

物理学家中，以耗散结构理论获得1977年诺贝尔物理学奖的普利高津曾引用《道德经》第三十四章说明自然界的自组织现象，他在《探索复杂性》一书中指出："在开发系统之由无序到有序的自组织现象是普遍的，它正在走向以中国'自发形成''整体和谐'为理想的新自然主义。"这种自然主义无疑正是《道德经》所描述的道与万物的生化关系。而荣获国际数学界最高奖菲尔兹奖章的托姆是突变论的创立者，他在《转折点》一文中说："在老子的理论中，有很大一部分是关于突变理论的启蒙论述。"耗散结构理论、突变论与协同论是20世纪70年代以来陆续确立并快速发展的三门系统理论分支学科，合称"新三论"。协同论的创立者哈肯同样表示过对道家哲学的赞许。系统科学主要是对自然界自我演化规律的研究，与《道德经》的道论形成了跨越时空的呼应。至于具体到宇宙演化模式，卡普拉、霍金等人的理论多次被人们拿来与《道德经》的思想进行对比。系统科学几乎与生态研究相伴生，系统论最初由理论生物学家贝塔朗菲创立，艾肯则把生命起源、生物进化在分子生物学水平上与自组织关联在一起，新三论都曾被广泛应用到生态研究领域。包括新三论在内的所有系统科学与卡普拉等人的研究都被应用于生态环境问题，系统科学如此对《道德经》的自然主义思想赞赏有加，生态研究自然也注意到《道德经》道法自然的整体和谐思想。这方面以卡普拉和汤川秀树最具代表性。

在无为理念方面，首先，自由经济思想曾受到过《道德经》的影响。英国哲学家克拉克说："现代经济自由市场的原理就是源自《老子》的无为而治。"人们一般会谈起法国重农学派创始人魁奈将"无

丹麦政府授予玻尔的贵族勋章

卡普拉《物理学之道》封面

为"翻译为"自由放任",他的学生亚当·斯密也以自由经济原理闻名。受系统科学影响较大的经济学流派是现代演化经济学,著名演化经济学家布莱恩·阿瑟在谈到复杂系统时就引用过"道生一,一生二……"。最著名的受到《道德经》思想影响的自由经济学家是哈耶克,他提出人类社会"自发秩序"的概念,并认为对"自发秩序"最经典的描述就是《道德经》第五十七章所述"我无为而民自化,我好静而民自正"。但是,《道德经》的"无为"不是完全放任(从严遵注本可知),有是有限度的自由内在地涉及管理的内容。第三十二章说"始制有名,名亦既有,夫亦将知止,知止所以不殆",王弼注:"始制,谓朴散为官长之时也。始制官长，不可不立名分……"意思是说，社会的发展是必然产生名物制度的，上古淳朴之世，名物初立，人们没有浇薄之心，后世名物制度的设立也要保持这种初心。言外之意，无为还是需要一定的制度基础的。实际上，亚当·斯密就曾论述过"根据自然自由的制度，君主只有三种应尽职责"：保护社会的独立、设立公正的司法机构、设立公共设施。而哈耶克也提出了"小政府理论"，主张政府只是提供那些具有排他性的公共产品和服务，其"自发秩序"概念完全就是人类社会的自组织。《道德经》把天道（宇宙的演化、外部事物的构成及其相互作用）与人类社会结合在一起，形成一个系统，于此可见一斑。各国政要引用《道德经》已属常见，世界名企的高管谈论《道德经》也成为很自然的现象，如伊藤肇、约翰·海德、安南·博格、爱博契特，等等。《道德经》不仅影响到政府的社会管理、经济管理，还被具体应用到企业管理、人们的日常行为管理中。无为、清静思想对于现代社会的功利主义和人们的奔竞营求等具有更直接的治疗意义。卢川芳郎说："《老子》有一种魅力，它在给世俗世界压迫下疲惫的人们以一种神奇的力量。"英国唯美主义者王尔德就曾借助老庄学说批判英国的工业社会，表达政府应该清静无为和人们没有外在束缚的主张。现代人处在巨大的社会压力之下，所追求的目标实际是被外在社会意识裹挟，通过压抑自我而实现的，人成为单向度的人，个体性、批判性、超越性都消失了。人们日益感受到人性的扭曲，迫切希望回归一种简单生活方式，无为、清静、抱朴的思想正为人们提供了这样一种思想资源。

在现代世界，文化已经全球化，人们面临的问题具有全人类性，每一种思想都是思考人类未来的一种方式。《道德经》与西方思想的种种结合，国外对《道德经》的各种理解，恰恰为这些思想反哺中国提供了媒介。在中国近代化的过程中，《道德经》就承担了沟通西方近代文化的角色。历劫余生在《老子研究与政治》第二章末说："予谓老子思想……其崇尚精神上之自由自在，而排斥一切阻碍性灵之人造桎梏，如名与礼等，即古代希腊思想中之自然生活主义，与十八世纪末至十九世纪初之自由主义……欧洲论究社会生存之原动，有二大反对论据也，一曰由于物竞，一曰由于互助，老子《道德经》虽非论究社会何以生存之专著，然一方指示何以应付竞争之最有效方法，一方又提示先人后我，以宏大天地生生之理，是又融合物竞与互助，而执两以用其中也。"晚清以来，人们以近代思想如社会进化论、社会主义注解《道德经》，这种种思潮也得以顺利传入中国，刘师培、严复、刘其宣、孙思昉等人则借助《道德经》逐步把民主、平等、自由等西方思想移植到中国本土。在现代社会，《道德经》更可以凭借其与现代自由生活方式具有内在契合，凭借其取用不竭的庞大思想体系而为中外思想界提供思考人类文明走向的出路。总之，《道德经》切切实实搭起了一座世界文化交流的桥梁，对于中国，诚如陈寅恪所谓，不论输入何种思想而不至中途夭厄，"其真能于思想上自成系统，有所创获者，必须一方面吸收输入外来之学说，一方面不忘本来民族之地位"，以《道德经》等道家典籍调适输入文化与中国传统的隔膜；对于世界，《道德经》为人们走出工业社会困境、化解社会精神危机提供了实实在在的思想资源。《道德经》超越文本，跨越历史，对于满足全人类观察和思考社会现状及未来具有现实指导意义，这也应该是道教现代化的主要致思方向之一。

图书在版编目（CIP）数据

玄门首经：道德经 / 胡百涛著. — 郑州：中州古籍出版社，2017.11

（华夏文库道教与民间宗教书系）

ISBN 978-7-5348-7398-0

Ⅰ.①玄… Ⅱ.①胡… Ⅲ.①《道德经》 Ⅳ.①B223.11

中国版本图书馆CIP数据核字（2017）第260415号

华夏文库·道教与民间宗教书系
玄门首经：道德经

总 策 划	耿相新　郭孟良
项目协调	单占生
项目执行	萧　红
责任编辑	萧　红
封面设计	新海岸设计中心
版式设计	曾晶晶
美术编辑	曾晶晶

出　版	中州古籍出版社
	地址：河南省郑州市经五路66号
	邮编：450002
	电话：0371-65788693
经　销	新华书店
印　刷	河南新华印刷集团有限公司
版　次	2017年11月第1版
印　次	2017年11月第1次印刷
开　本	960毫米×640毫米　1/16
印　张	12印张
字　数	111千字
印　数	1-3000册
定　价	30.00元

本书如有印装质量问题，由承印厂负责调换